RUDOLF BRANDNER

DIE IDEOLOGIE DER MENSCHENRECHTE UND DAS ETHOS DES MENSCHSEINS

RUDOLF BRANDNER

DIE IDEOLOGIE DER MENSCHENRECHTE UND DAS ETHOS DES MENSCHSEINS

DIE WERKREIHE VON TUMULT #13
Herausgegeben von Frank Böckelmann

MANUSCRIPTUM

Impressum

Dreizehnte Ausgabe der Werkreihe TUMULT, erste Auflage Mai 2022
Herausgegeben von Frank Böckelmann/TUMULT. *Vierteljahresschrift für Konsensstörung*, Dresden
www.tumult-magazine.net

Gestaltung & Herstellung
Lektorat: Horst Ebner, Wien
Gestaltung: Peter Gabler, Köln

Titelnummer: 10610
ISBN: 978-3-948075-39-2

www.manuscriptum.de

INHALT

Wer Bedenken gegen die »Menschenrechte« oder gar Kritik an diesen artikuliert, riskiert, als totalitärer Unmensch gebrandmarkt zu werden. Aber nicht ihr ethischer Gehalt steht infrage, sondern ihre politische Funktion in einem sich indefinit aufblähenden Menschenrechtsdiskurs, der das politische Denken – binnenstaatlich wie außenpolitisch – in unauflösbare Aporien verstrickt. Sie betreffen nicht nur das politische Selbstverständnis westlicher Demokratien, sondern geben über ihre Diffundierung in die lebensweltlichen Verhältnisse zugleich einen Einblick in die geschichtliche Verfassung moderner Gesellschaften und ihr Freiheitsverständnis. Darum geht es im Folgenden: Ein erster Teil gibt den Gesamtumriß der Problematik, der im zweiten Teil näher auf seine ethischen und politischen Implikationen auseinandergelegt wird.

PANORAMA MENSCHENRECHTLICHER BEWUSSTSEINSBILDUNG

I. DIE NEUE ZIVILRELIGION

Es war sicher eine unumgängliche Reaktion auf den Schrecken über die geschichtliche Gewalt der Weltkriege und Diktaturen, eine supranationale Ebene zu etablieren, die dem politischen Handeln an der Achtung des Einzelnen eine feste Grenze setzte. Mit der UN-Charta und der Allgemeinen Erklärung der Menschenrechte (AEMR, 1948) wurde der Weg beschritten, die Leitvorgaben staatlichen Handelns von den Rechten der Einzelnen her zu redefinieren.[1] Eine nicht geringe Rolle spielte dabei auch, die mangelnde Rechtsgrundlage der Nürnberger Prozesse noch nachträglich aufzuarbeiten und vorsorglich zu institutionalisieren. Denn sie verstießen *erstens* gegen den elementaren Rechtsgrundsatz: »Keine Strafe ohne Gesetz« (*nulla poena sine lege*). Wo es kein Gesetz gibt, kann auch kein Verstoß festgestellt und abgeurteilt werden. Es fehlte den Nürnberger Prozessen also an der legalen Grundlage (Legalitätsdefizit). Und sie verstießen *zweitens* gegen das Prinzip der Schuldfreiheit der Richtenden, das im Vorwurf »Du auch« (*tu quoque*) geltend gemacht wurde, d.h. den Richtern fehlte die moralische Legitimation, insofern sie derselben Vergehen wie die Angeklagten zu bezichtigen waren: die USA aufgrund ihrer genozidären Vernichtung und Ausgrenzung der Ureinwohner in Reservate, der Sklaverei und Rassentrennung, die UdSSR wegen der stalinistischen Verfolgungen und Lager (GULag), Frankreich und Großbritannien aufgrund ihrer Kolonial-

---

1 Quelle: Menschenrechte. Dokumente und Deklarationen. Einführung von Eibe Riedel. Bundeszentrale für politische Bildung. 3., erw. Aufl. Bonn 1999.

verbrechen und ihres inhärenten Rassismus. Die AEMR sollte zumindest das Legalitätsprinzip herstellen; aber auch dies gelang nicht. Sie wurde nicht völkerrechtlich verbindlich, und zahlreiche Staaten, wie der Ostblock unter Führung der UdSSR, Saudi-Arabien und Südafrika, enthielten sich der Abstimmung. Auch dem zur Rechtsprechung vorgesehenen Internationalen Gerichtshof, der erst Ende der 1990er Jahre institutionalisiert wurde, traten zahlreiche Staaten nicht bei (eben die mächtigen, wie die USA). Die zu politischen Singularitäten erklärten nationalsozialistischen »Verbrechen« bilden so den entscheidenden Gegenpol zur AEMR, die, getragen vom Grundsatz der »Unantastbarkeit der menschlichen Würde«, dem Einzelnen unveräußerliche Rechte gegen die Staatsgewalt zusichert.

Leitend bleibt damit ein tendenziell negativer Staatsbegriff: Der Staat gilt nicht mehr als ethisches Gebilde der Gemeinschaft, ihrer rechtlichen Selbstorganisation, sondern als selbständige, den Einzelnen entgegengesetzte Macht; und die Einzelnen sind darin nur noch allgemeine »Menschen überhaupt«, nicht aber kulturgeschichtlich gebildete Personalitäten, die durch ein generationenübergreifendes, erfahrungsgeschichtlich auskristallisiertes Gemeinschaftsethos die staatliche Ordnung fundieren. Aber kein Mensch ist ein »Mensch überhaupt«, sondern als dieser individuell besondere Mensch auch einer, der die Rechte anderer Menschen verletzt. Diese Rechtsverletzungen aber sind Gegenstand des je nationalstaatlichen Strafrechts. Wozu also da noch übergeordnete Menschenrechte? Um den Staat selbst der sakralen Unverletzlichkeit des Einzelnen zu unterwerfen: Adressat der Menschenrechte ist der Staat als Macht der Rechtsgemeinschaft. An der »unverletzlichen Würde« des Einzelnen soll alles staatliche Handeln seine Grenze finden. So kann überhaupt nur der politisch Handelnde »Menschenrechte« verletzen; alle anderen sind bei ihren Vergehen bloße Straftäter. Es ist also der Staat selbst, der den Schutz des Einzelnen gewährleisten soll – und zwar paradoxerweise vor ihm selbst, seiner Übermacht: In den Menschenrechten soll der Staat sich selbst und alles Regierungshandeln binden. Ihr Anliegen ist ein staatstheoretisches: Sie arbeiten an der Umwandlung des Verhältnisses von Einzelnem und Gemeinschaft.

Zuerst – in der sogenannten »ersten Generation« – formulieren die »Menschenrechte« Abwehrrechte des Bürgers gegen den Staat: Sie sollen die individuelle Freiheit des Bürgers gegen die Staatsgewalt verbürgen. Mit dem Sozial- und Zivilpakt (1966/1976), der »zweiten Generation«, verwandeln sie sich mehr und mehr zu politischen Anspruchsrechten wirtschaftlicher, sozialer und kultureller Art, die aus der geschichtlichen Dynamik des »Zeitgeistes« fortlaufend angereichert werden. Ihre Erfüllung soll nun zu den Kernaufgaben des Staates *an sich und überhaupt* gehören, da es ja auch um den Menschen *an sich und überhaupt* geht. So die »dritte Generation« der »Menschenrechte« auf die weltweite Gleichheit aller staatlich zu verantwortenden Lebensverhältnisse – wie das Recht auf Entwicklung, Schutz der Umwelt, Solidarität u.a.m.[2]

Was geschieht? Mit dem Übergang vom Kerngehalt der Abwehrrechte (erste Generation) zu den soziokulturellen Anspruchsrechten (zweite/dritte Generation) vollzieht sich keine bloße Erweiterung, sondern ein grundlegender Umbruch in der Menschenrechtskonzeption, der sicher nicht zufällig in die ökonomische Aufschwungsphase der westlichen Demokratien und ihrer Systemkonkurrenz mit den sozialistischen Staaten fällt. Denn die Rechtsgründe für Abwehr- und Anspruchsrechte sind verschieden: Die Abwehrrechte haben ihren – aus dem Naturrecht ererbten – Grund einzig und allein am Wesensbegriff des Menschen, der als freies Vernunftwesen von der Staatsmacht zu achten sei. Mit den Anspruchsrechten nistet sich in die Menschenrechte dagegen nun ein fortschrittsgeschichtlich kontingentes Verständnis des Staates als Fürsorgestaat ein, das den Menschen als mehr hilfloses, seiner freien Selbstverantwortung ohnmächtiges Bedürfniswesen sichtet. So sei es Aufgabe des Staates, ihn am gesellschaftlichen Fortschritt teilhaben zu lassen, um ihm eine »menschenwürdige« Existenz zu sichern. Was merkwürdig redundant erscheint, weil der gesellschaftliche Fortschritt sich von selbst auch ohne staatliche Verpflichtung auf die Gesellschaft als ganze auswirkt, da sie es ist – und nicht ein davon abgekoppelter »Staat«, die ihn auch trägt. Mit der »Erweiterung«

2 Vgl. Menschenrechte, a.a.O., S. 25.

um Anspruchsrechte hält ein verändertes Staatsverständnis Einzug in den Menschenrechtsdiskurs, der das ursprüngliche Schwergewicht der Freiheitsrechte qua Abwehrrechte überlagert, wenn nicht verwässert. Verschiedene Legitimitäten verwischen sich: Indem der Staat zugleich als bedrohliche Übermacht und als fürsorgende Allmacht im Blick steht, wird, was er als Recht gewährleisten soll, ganz verschiedenartigen Rechtsquellen zugewiesen. Zuerst steht der Mensch als autonomes Subjekt seiner Selbst- und Eigenverantwortung im Blick, dann als passives Objekt staatlicher Fürsorge, das seine Freiheit in Bedürfnisansprüchen einfordert. Wie dieser Gegensatz die menschenrechtliche Paradoxie, daß der Staat selbst den Einzelnen vor seiner eigenen Übermacht schützen soll, zum Verschwinden bringt, wird noch zu sehen sein.

Mit der Amalgamierung beider Rechtsarten ist auch schon der Weg beschritten, die Menschenrechte zum umfassenden moralischen Gehalt von Staatsverfassungen und ihres fortschrittsgeschichtlichen Selbstverständnisses zu erheben. Die Menschenrechte konstituieren die metapolitische Grundlage überpositiver Legitimität, die binnengesellschaftlich vom ethischen Leben der Gemeinschaft erfüllt werden muß. Sie werden damit in reduzierter Form zum funktionalen Äquivalent ehemaliger sakraler (katholischer) Autorität, die durch den Ausgriff auf das allgemeine Heilsbewußtsein auch alle weltliche Gewalt bannen konnte. Unter westlicher Führung wird der Menschenrechtsdiskurs zur universalistischen Moral und entwickelt sich zum transnationalen Katechismus einer vereinheitlichten Staatstheorie, die darauf abzielt, alle menschheitsgeschichtliche Vielfalt in einem indifferenten »Welteinheitsstaat« aufzuheben – der »global governance« supranationaler Institutionen. Denn das Paradox – der immanente Widerspruch, daß der Staat selbst es sein soll, der den Einzelnen vor dem Staat, seinen Übergriffen schützen, aber zugleich allmächtig versorgen soll – scheint sich nur so auflösen zu lassen, daß der Staat qua Nationalstaat selbst zu einem partikulären Einzelnen degradiert und durch einen »Welteinheitsstaat« überwölbt wird. Denn nicht durch sich selbst, sein inhärentes Machtgefüge, sondern nur durch eine übergeordnete Machtinstanz ließe sich die Staatsmacht von ihren Übergriffen auf die Einzelnen abhalten. Die innere Logik des Menschenrechtsdiskurses impliziert damit die Aufhebung der kulturgeschichtlich formierten Einzelstaaten, weil anders als durch die Transzendenz der Staatlichkeit der Widerspruch nicht auflösbar scheint. Diese Transzendenz der Staatlichkeit war ehemals die ewige Gerechtigkeit Gottes: sie degeneriert nun zur Weltmacht eines global vereinigten Einheitsstaates, der die Sphäre machtpolitischer Übergriffe nicht verläßt, sondern sie nur auf eine höhere Ebene verlagert.

In der politischen Entwicklung des Menschenrechtsdiskurses gehört beides zusammen – der supranationale Zug nach oben und der binnenethische nach unten. Mit der Koinzidenz von universellem Staatsrecht und Binnenethik menschlicher Gemeinschaften scheint dann die globale Überwindung menschheitsgeschichtlicher Gewalt erreicht: Der Menschenrechtsdiskurs wird zum innerweltlichen Erlösungsprojekt der Befreiung des Menschen von aller politischen wie ethischen Negativität – zum Gebetbuch der Moderne, ihrer »Zivilreligion«. Ein widersinniger Begriff. Denn er schöpft seinen Sinn aus der geschichtlichen Lage westlicher, d.h. religionsprivativer Gesellschaften, die jeden religiösen Bezug sakraler Transzendenz verloren haben – und diesen Verlust nun durch desakralisierte Heilsentwürfe kollektiven geschichtlichen Daseins ersetzen.[3] Sie aber nennt man »Ideologien«: als innerweltliche Substitute sakralen Heils gehören sie zur »nihilistischen« Entzugssituation der Moderne. Genau dahin gehört auch die geschichtliche Heraufkunft des Menschenrechtsdiskurses in der Aufklärungszeit (Virginia Bill of Rights 1776, Déclaration des Droits de l'Homme 1789): Der Schwund religiös verbindlicher Autorität begründet das säkularisierte Selbstverständnis der Politik als konfessionell neutraler Sphäre, die jeden nach seiner »façon« glücklich werden läßt; und fällt zusammen mit der Heraufkunft der Geschichtsphilosophie, die den durch den Verlust religiöser Transzendenz nicht mehr »festgestellten« Menschen als

---

3 Symptomatisch schon in der Heraufkunft des Begriffs bei Rousseau (*Contrat social*, IV, 8): Die »religion civile« leistet wesentlich die metaphysische Fundierung der geschichtlich kontingenten Gesellschaftsverfassung in einem konfessionell bereinigten Monotheismus, der das Ethos der Bürger im angstbesetzten Ewigkeitsbewußtsein eines theologisch »Jüngsten Gerichts« verankert. Auf Atheismus steht deshalb die Todesstrafe.

allgemeines Gattungswesen zum Subjekt der geschichtlichen Selbstproduktion seiner Freiheit erhebt: Der allgemeine Begriff »Mensch« wird als »Menschheit« zum geschichtlichen Realsubjekt hypostasiert und auf seine innerweltliche Erlösung qua Befreiung von allem Negativen entworfen.[4] Erst vor diesem Hintergrund entfaltet sich in der Moderne die totalitäre Gewalt des Politischen, die den Einzelnen der bedingungslosen Herrschaft eines geschichtlichen Kollektivheils unterwirft, ob sozialistisch oder faschistisch. Die Flucht vor der geschichtlichen Selbstbesinnung, die das »Totalitäre« als spezifisch moderne Erscheinung in seinem Grunde auszuloten hätte, wird zur Flucht in die pseudometaphysische Transzendenz des »Inter- qua Supranationalen«, die als moralischer Despotismus von universellen Rechten mit absoluten Unbedingtheitsansprüchen auftritt und sakrale Unterwerfung verlangt.

Es geht um das Menschsein überhaupt, um universelle Werte, die unbedingt und absolut gelten sollen, um den Menschen von allem Übel, das er selbst fortlaufend erzeugt, zu erlösen. Indem sich der Menschenrechtsdiskurs im obersten Allgemeinbegriff »Mensch überhaupt« zentriert, abstrahiert er von allen Eigenheiten und Besonderheiten. die seine geschichtliche, kulturelle und ethische Wirklichkeit ausmachen. Der Mensch wird als Abstraktum, dem jede konkrete Realität fehlt, als »die Menschheit selbst« thematisch, als das bloß Unmittelbare einer biologischen Art, beraubt aller geschichtlichen und ethischen Vermittlungen, die als Bedingungen die Geltung der Menschenrechte einschränken könnten: Sie sind »unveräußerlich«, gelten »unbedingt«, »absolut« und »universell« für das Menschsein schlechthin. Wer meint und sagt das – und mit welchem Recht? Und um was für eine »Geltung« handelt es sich da? Um eine ideell postulierte, ein moralisches Sollen. Woher seine Verbindlichkeit?

Sie folge, so die allgemeine Begründung, aus seiner »angeborenen Würde«: Alle Menschen seien aus einem Ursprung (Monogenese) und

---

4 Vgl. Karl Löwith: Weltgeschichte und Heilsgeschichte. Stuttgart 1953. Aufschlußreich auch: Gottfried Küenzlen: Der Neue Mensch. Eine Untersuchung zur säkularen Religionsgeschichte der Moderne. Frankfurt/Main 1997. Zur Heraufkunft der Geschichtsphilosophie vom Vf.: Heideggers Begriff der Geschichte und das neuzeitliche Geschichtsdenken. Wien 1994, I. Teil.

damit an Würde gleich geboren. Es ist eben die Würde einer »biologischen Art«, nicht die einer durch freie Erkenntnis vermittelten ethischen Selbstbildung. Aber so wenig die geschichtliche Wirklichkeit mit Neugeborenen zu tun hat, so wenig meint die »Würde des Säuglings« mehr als die Konstatierung biologischer Artgleichheit. So wie der Säugling ein Mensch nur ganz im allgemeinen – ein »allgemeiner Mensch« – ist, so ist auch das Kind ein ganz Allgemeines vor und außerhalb seiner autonomen Selbstverantwortung. »Würde«, die angeboren ist, muß nicht selbsttätig bewährt, sondern nur passiv versorgt werden: Ihr Status ist der einer ethischen Entmündigung, die alle Freiheit, Autonomie und Selbstbestimmung des Menschen aufhebt. Das Angeborensein der Würde ist schon die Entwürdigung des Menschseins schlechthin und als eines solchen.

Die »Zivilreligion« universeller Menschenrechte ist wesentlich eine Gegenreaktion, die das geschichtliche Projekt der Moderne durch moralistischen Universalismus vor seiner eigenen Bodenlosigkeit zu retten sucht: Die Idealität moralischer Transzendenz, die als reine Bewußtseinsintention von Unbedingtheit einen Gottesersatz bietet, wird zum überpositiven Legitimationsprinzip politischer Ordnungen, das ihre bildungsgeschichtliche Grundlage im Ethos der Gemeinschaft für nichtig erklärt. Die moralideologische Entgeschichtlichung aller menschlichen Realitäten unterschlägt, was zum Begriff des Menschen gehört – die Freiheit ethischer Selbstbildung, durch die er sich allererst aus den Gegensätzen gesellschaftlicher Negativität hervorbildet und als geistige Persönlichkeit übernimmt. Nihilistisch desakralisiert, wird die Gemeinschaft zur Gesellschaft, das Heil zum Wohl, der Einzelne zur Biomasse und die Politik zur pseudoreligiösen Erlösungsinstanz, die mit sakralen Absolutheits- und Unbedingtheitsansprüchen die Leerstelle menschlichen Heils auszufüllen sucht, die sie mangels sakraler Transzendenz nicht ausfüllen kann. Der Menschenrechtsdiskurs, geboren aus der geschichtlichen Negativität der Moderne, bleibt eine Totgeburt – ein nihilistisches Zerfallsprodukt menschlicher Ethik. Eben diesen Widersinn bezeichnet der Begriff einer »Zivilreligion«, der alle vereinzelten Biomassen nun im Jenseits einer transzendenten Moralgemeinschaft einsammeln soll.

II. UNIVERSALITÄT UND KULTURGESCHICHTLICHE PLURALITÄT

Im Feld des Politischen, in der geschichtlichen Wirklichkeit und ihrer Gewalt, wird alles, es mag noch so gut gemeint sein, zum Gegenstand von Macht- und Geltungsinteressen, die es anders meinen und mitunter ins Gegenteil verkehren. Die Dynamik des Faktischen boykottiert die Postulate des Seinsollenden, so »unbedingt« sie auch gemeint sein mögen. Wer sich an die Menschenrechte bindet, mag zum Gefangenen derer werden, die sich dadurch nicht binden lassen – und an ihrem Machtüberschuß zugrunde gehen. Wo die Menschenrechte als politisches Machtinstrument eingesetzt und zu moralischen Unbedingtheiten übersteigert werden, verschärfen sie die realgeschichtlichen Gegensätze zu kulturellen Unversöhnlichkeiten, die auf wechselseitige Übermächtigung lauern. Moralische Unbedingtheit aber gehört in die Religion und ihre Theologie, nicht aber ins Feld der Politik, die es als Kunst der Immanenz immer mit der unendlichen Welt wechselnder Bedingungen zu tun hat, das eigene geschichtliche Dasein zu bewähren und fortzubilden.

So bleibt der durch zahlreiche Konventionen angereicherte Menschenrechtsdiskurs völkerrechtlich unverbindlich und erreicht seinen maximalen Konsens nur über den Preis inhaltlicher Unbestimmtheit: Wo jeder hineinlesen kann, was er will, können auch alle zustimmen. Im Kraftfeld ideologischer Systemgegensätze von Ost und West, von säkularen und religiösen Gesellschaften, bleibt kontrovers, ob dem Individuum oder dem Kollektiv der Vorrang einzuräumen sei. Deshalb wurden die liberalen Freiheitsrechte des Einzelnen in den sozialistischen Staaten, aber auch der muslimischen Welt schon frühzeitig zu einer Sache der staatlichen »Gewährung« – und nicht der »Gewährleistung« – erklärt.[5] Womit sie ihres Charakters »unveräußerlicher

5 Menschenrechte, a.a.O., S. 14. Dennoch verfällt auch der Herausgeber Eibe Riedel hier dem weitverbreiteten moralideologischen Illusionismus, wenn er die Bindungskraft der Menschenrechte vor dem »Forum des Weltgewissens« (ein ganz unsinniger Begriff) beschwört (ebenda, S. 12) und ihnen den Übergang zu

Rechte« beraubt sind. Gegen die Unbedingtheit des menschenrechtlichen Moralismus steht das geschichtliche Ethos kultureller Gemeinschaften als Prinzip politischer Legitimität.

Aber unter der Dominanz der westlich geführten UN verdichtet sich der Menschenrechtsdiskurs zum ausschließlichen Markenzeichen liberaler Demokratien und ihres weltweiten Anspruchs, die einzig richtige politische Organisationsform menschlicher Gemeinschaften zu sein. Unter ihren Bedingungen aber sind sie als explizite Rechtsbestimmungen überflüssig, da die Achtung des einzelnen Bürgers schon zu ihrer Verfassung gehört. Sie sind bürgerrechtlich redundant. Wo Menschenrechte nicht Gegenstand der Rechtssetzung sind, können sie auch nicht verletzt werden. Wo sie explizit gefordert werden müssen, dort fehlt es an eben dieser Voraussetzung – sie gehen ins Leere, indem die geschichtliche Ausbildung des Menschseins fehlt, die allein ihre Geltung zu verbürgen vermag. Ohne ein reales, bildungsgeschichtlich erzeugtes ethisches Gemeinschaftssubjekt bleiben sie ein äußerlich Aufgesetztes ohne inneren Gehalt, ohne Lebenswirklichkeit. Keine Verwirklichung der Menschenrechte in der geschichtlichen Praxis ohne ethische Fundierung im geschichtlichen Selbstbewußtsein der Menschen: einem geschichtlichen Bildungsprozeß, der ihre Achtung im Ethos menschlicher Gemeinschaften selbst verankert und damit den äußeren Zwang durch innere, selbsteigene Gewissensbindung ersetzt. Allein darin gründet ihre nicht nur ideell postulierte, sondern auch ihre reale praktische Geltung.

Die im universellen Geltungsanspruch der Menschenrechte anvisierte »Menschheit« ist kein solches ethisches Subjekt; ihre geschichtliche Wirklichkeit zerfällt in kulturelle Partikularitäten und ist selbst eine durch das geschichtliche Ethos begrenzte. So bleibt nur die rhetorische Selbstverpflichtung souveräner Staaten, die nach Belieben ausgedeutet, hintergangen oder aufgekündigt werden kann. »Universell« gelten »Menschenrechte« nur in der Idealität eines geschicht-

---

einer Art »Völkergewohnheitsrecht« (ebenda, S. 15) unterstellt. Die geschichtliche Wirklichkeit spricht eine ganz andere Sprache. Auch für die westlichen Demokratien wird die Frage noch zu stellen sein, ob die »Gewährleistung« nicht doch auf bloße (gnadenvolle) »Gewährung« hinausläuft.

lich gebildeten Bewußtseins und einzig und allein für es.[6] Dies gilt für alle kulturellen Normen gleichermaßen, also in pluraler Gegensätzlichkeit. Genau daran aber scheitert die universell beanspruchte *praktische* Geltung der (westlichen) Menschenrechte: es fehlt ihnen – außerhalb ihres eigenen geschichtlichen Bildungsbereichs – ein *ethisches Subjekt*. Es entspricht deshalb der inneren Logik der Sache, wenn das schon durch das Völkerrecht garantierte Selbstbestimmungsrecht kultureller Gemeinschaften zusätzlich noch durch Gegenentwürfe zum westlich inspirierten Konzept untermauert wird, wie die »Kairoer Erklärung der Menschenrechte« oder die afrikanische von Banyul.[7]

Aber diese geschichtlichen Differenzen erscheinen dem Westen als nur vorläufige Störfaktoren, die durch die technologische Globalisierung und ihren ökonomischen Druck überwunden werden: Im Prozeß

---

6 Hans Jörg Sandkühler scheint als Inhaber des UNESCO-Lehrstuhls für Philosophie der Menschenrechte mehr seinem Brotherrn als seinem Verstande verpflichtet. So meint er unter Mißachtung aller geschichtlicher Realitäten, die Menschenrechtsmoral sei die »einzige de iure und de facto universalisierbare Moral«, die ins Recht importiert dazu berufen sei, universelle Gültigkeit in einer weltweit demokratischen Rechtsordnung zu erlangen. (Hans Jörg Sandkühler: Menschenwürde und Menschenrechte. Freiburg 2014, S. 93) Die muslimische Welt meint dieselbe Universalität mit demselben Recht für die Scharia und könnte statt von »Menschen-« von »Gottesrechtsverletzung« durch »säkularisierte« Gesellschaften sprechen, damit aber für sich noch eine höhere Stufe der »Universalität« beanspruchen. Sandkühler ist die Unterscheidung von »moralischer« und »juridischer« Geltung, von Legalität und Moralität (Kant), die erst durch den Verbindlichkeitsschwund der Religion in der Aufklärung notwendig wird, anscheinend überhaupt nicht bekannt.

7 Vgl. Menschenrechte, a.a.O., S. 34 ff. Die islamische Menschenrechtserklärung steht unter dem grundsätzlichen Vorbehalt der Scharia. Die afrikanische von Banyul zielt im Sinne eines postkolonialistischen »nation building« darauf ab, »die oft willkürlichen Grenzziehungen durch die Kolonialmächte durch Identitätsbildung nachträglich zu rechtfertigen: willkürliche, Stammeskulturen zerreißende Grenzziehungen sollen auf keinen Fall angetastet werden« (Uti-possidetis-Doktrin: genießen, was man sich unter den Nagel gerissen hat) (ebenda, S. 31). Beides steht in diametralem Gegensatz zur AEMR, die selbst wiederum mit der UN-Charta kollidiert (s. u.).

der »Dekolonisierung« verliert der Westen zwar wesentliche Machtgebiete samt ihren Ressourcen; aber seine technologische Dominanz verspricht die wirtschaftliche Kompensation des Verlustes durch die globale Liberalisierung der Märkte. Deren politische Voraussetzung aber ist keine andere als die der menschenrechtlich definierten Demokratie und ihrer freien Marktwirtschaft. Die Menschenrechte werden zum politischen Türöffner der neoliberalen Globalisierung und fundieren die transnationale Rechtssicherheit ihrer Expansion. Wirtschaftliche Globalisierung und menschenrechtlicher Universalismus verwirklichen auf verschiedenen Ebenen nur ein und denselben Zug der politischen Gleichschaltung der Staatenwelt zu reinen »Märkten«, die als homogenisierte Rechtsräume nur noch regionale Dependenzen supranationaler Institutionen sind: einer »global governance«, als deren Projektleiter eine mental homogenisierte Funktionärselite, gepampert von »global players«, auftritt.

Damit gehört der Menschenrechtsdiskurs zur politischen Ideologie globaler Weltwirtschaft und ihrer Auflösung kulturgeschichtlicher Gemeinschaften zu rein produzierend-konsumierenden Einheiten. Der Einzelne ist darin nicht mehr als eine atomisierte lebendige Biomasse aus Begierden und Ansprüchen; und so ist es auch von Anfang an ein sehr simples Menschenbild, das sich in den »Menschenrechten« selbst verklärt und »das Ideal vom freien Menschen« als sein Recht erklärt, »in Frieden und frei von Not und Furcht zu leben«.[8] Sakralisiert wird der Einzelne in seiner physisch-lebendigen Unmittelbarkeit, seiner »naturgegebenen Würde«, nicht als ethisch frei sich bildende geistige Persönlichkeit. Aber nicht Natur, nur Freiheit *gibt* Würde; und biologische Artgleichheit (Monogenese) begründet keine Wertprädikate, die allein den Differenzen ethischer Selbstbildung entspringen: Kein Gleiches, nur Unterschiedenes, hat »Wert« und »Würde«. Unterschiedslose Gleichheit bedeutet ethische Wertlosigkeit – die Reduktion des

8 Ebenda, S. 14. So bleibt auch der ganze Inhalt von »Menschenrechten« ein von westlichen Funktionärseliten ausgedachtes moralisches Abstraktum individueller Freiheiten und Wünschbarkeiten, das ihrer eigenen Realpolitik als Legitimationsgrundlage dient: dagegen zu verstoßen, um sie zu realisieren (s. u.).

Menschseins auf Biomasse, die als »human capital« vermarktet wird. Damit wird der Menschenrechtsdiskurs zum politischen Agens eines anthropologisch-ethischen Primitivismus, der in der durchgängigen Technologisierung und Ökonomisierung das allein seligmachende Heil des Menschen sieht. Aber zahlreiche Kulturen teilen keineswegs dieses »Ideal freien Menschseins«; viele verstehen es noch nicht einmal und kaum mag ihnen etwas davon als Rechtsanspruch gegenüber der Gemeinschaft aufgehen.

Wird also in der internationalen Politik des Westens der Eindruck erweckt, es gehe ihr um nichts anderes als die universelle Verwirklichung der Menschenrechte, dann werden diese moralisch zur Legitimation nationaler Machtpolitik mißbraucht. Denn die Menschenrechte konstituieren selbst keinen eigenen positiven Inhalt als Zielstellung von Politik, sondern nur eine negative Leistung, die sie als beiläufige Selbstverpflichtung übernimmt, ihren maßgeblichen Aufgabenbereich – das Gemeinwohl – ohne Verletzung von individuellen Freiheitsrechten zu bewältigen. Es wäre gänzlich absurd, die Aufgabe des Staates darin zu sehen, die Bürger vor ihm, seiner Übermacht, zu schützen. Denn dazu müßte er nur sich selbst auflösen.

III. DAS KOSMOPOLITISCHE PROJEKT DER MENSCHENRECHTE

Der Menschenrechtsdiskurs entwickelt sich zum politischen Projekt der universellen Rechtsgleichheit aller Menschen in allen Rechtsgemeinschaften (Staaten). Mit der Überwindung aller kulturellen Identitäten, die damit als Legitimationsgrund politischer Selbstbestimmung ausfallen, zielt er letztlich auf ihre Auflösung zu einem Welteinheitsstaat ab, darin alle Menschen gleiche Bürger einer einzigen Rechtsordnung wären. Der Widerstand konnte nicht ausbleiben und hat sich längst zu dem politischen Gegensatz von (globalen) »Kosmopoliten« und (nationalen) »Souveränisten« entwickelt: Das kulturelle Selbstbestimmungsrecht des Nationalstaates steht gegen seine universalistische Auflösung in supranationale Institutionen.[9]

Aber der Gegensatz ist ursprünglich schon in den supranationalen Erklärungen selbst enthalten: Von Anfang an kollidiert die universell intendierte »Menschenrechtserklärung« mit dem von der UN-Charta zugleich verkündeten Selbstbestimmungsrecht der Völker, das die ethische Grundlage kultureller Gemeinschaften ausdrücklich als politisches Legitimationsprinzip anerkennt. Dazu gehört unter anderem das Notwehrrecht – »das naturgegebene Recht zur individuellen und kollektiven Selbstverteidigung« sowie das Kollektivrecht der Gemeinschaft, die Menschenrechte zum Schutz der nationalen Sicherheit, der öffentlichen Ordnung, der Volksgesundheit und der öffentlichen Sittlichkeit einzuschränken.[10] Das geschichtlich ausgebildete Ethos menschlicher Gemeinschaften bleibt damit die maßgebliche Legitimationsbasis politischen Handelns und mag deshalb auch zu seinem eigenen Schutz die praktische Geltung der Menschenrechte begrenzen. Damit bestätigt sich das Machtprinzip des Politischen: der rechtlichen Selbstorganisation kultureller Gemeinschaften – gegen jeden supranationalen Universalismus.

Der Begriff des Menschseins, wie ihn die AEMR als biologischen Gattungsbegriff artikuliert, steht im Widerspruch zu den kulturgeschichtlichen Selbstverständnissen menschlicher Gemeinschaften, die von der UN-Charta als Rechtsgrundlage politischer Selbstbestimmung anerkannt werden. Realgeschichtlich entfaltet sich der Gegensatz sowohl inter- wie intrakulturell. Interkulturell stoßen die westlich inspirierten Menschenrechte unvermeidlich auf den politischen Widerstand anderer Kulturen, die, wie schon erwähnt, ihre eigenen »Menschenrechtserklärungen« abgeben. Lediglich die westliche Vorherrschaft in den supranationalen Institutionen kann darüber hinwegtäuschen, daß sie sich mit dem gleichen Recht aus dem geschichtlichen Ethos ihrer Gemeinschaften begründen. Die Prätention des

---

9 Dazu mehr im zweiten Teil, Kap. III »Die Geschichtspolitik der Menschenrechte« (S. 91–105).

10 Vgl. UN-Charta, Kap. VII, Art. 51, AEMR Art. 29, Internationaler Pakt über bürgerliche und politische Rechte Art. 18, 3.

Universellen zerfällt in kulturelle Partikularitäten und ist selbst eine durch das geschichtliche Ethos begrenzte. Denn da sich inhaltliche Rechte aus dem formalen Allgemeinbegriff »Mensch überhaupt« nicht begründen lassen, die dann auch noch »unbedingt«, abgesondert von allen besonderen Bedingungen, gelten sollen, muß der Inhalt der »Menschenrechte« von woanders hergeholt werden – dem geschichtlichen Bildungsgrund ethischer Realsubjekte. Ihnen aber ist das Verständnis des Menschseins, seiner »Würde« und seiner zu verwirklichenden Wahrheit, ein je anderes, woraus sich alles Mögliche, nur keine universell geltenden Menschenrechte begründen lassen. Allein das Machtprinzip entscheidet, welches sich als »universelles« lautstark verkünden darf.

Aber auch intrakulturell liegt der Widerspruch im Realen und Besonderen, handelt es sich bei den westlichen Menschenrechten doch um ganz allgemeine Bestimmungen, die spezifiziert und begrenzt werden müssen: Die Meinungsfreiheit muß gegen Verfassungsfeindschaft, Volksverhetzung, Beleidigung, Verleumdung, falschen Tatsachenbehauptungen usw. abgegrenzt werden – und mag dann vielleicht gerade das kassieren, was als Freiheit, gesellschaftliche Gegensätze auch offen auszutragen, intendiert war. Was Sache des Meinens und was Sache des Erkennens ist, bleibt unbestimmt; es verschwimmt in moralische Beurteilungen, die mit der zeitgeistigen Stimmung wechseln, selbst aber ohne feste Erkenntnisgrundlage bleiben. Ebenso diffus bleibt die Rede von »Religionsfreiheit«: Sie meint die durch den geschichtlichen Aufklärungsprozeß der Neuzeit definierte Freiheit vom kollektiven Wahrheitsmonopol der katholischen Religion, kann aber auch von Islamisten als das Menschenrecht der Scharia in Anspruch genommen werden. Nach ihrem aufgeklärten Begriff bezieht sie sich allein auf das innere Bewußtsein des Sakralen und sein öffentliches Bekenntnis; alles äußere, rituelle und kultische Verhalten ist dem kulturgeschichtlich ausgebildeten Ethos unterworfen, das in der allgemeinen Gesetzgebung seinen Ausdruck findet. Aber zahlreiche, menschheitsgeschichtlich überlieferte Religionen und ihre Praktiken sind damit inkompatibel. Ob Kopftuch und Vollverschleierung,

Zwangsverheiratung, Geschlechtsverstümmelung und Beschneidung »religiöse« Praktiken sind? Und wie steht es mit dem Diskriminierungsverbot aufgrund der sexuellen Orientierung? Gehören dazu auch Pädophilie, Inzest und Unzucht mit Tieren? Wo ist die Grenze und wer setzt sie? Hebt sich die universalistische Haltung nicht an kulturellen Gegensätzen von selbst auf?

So ließe sich unendlich weiterfragen. Die Aporie liegt im Freiheitsbegriff selbst: Denn der rein formelle Freiheitsbegriff der »Selbstbestimmung« läßt inhaltlich offen, was wie wozu bestimmt werden soll. Seine inhaltliche Bestimmung erhält er nur aus der geschichtlichen Gemeinschaft und ihrem kulturellen Fundus an existentiellen Möglichkeiten: Erst durch sie wird die formelle Selbstbestimmung zur konkreten Selbstverwirklichung. Alle Freiheit enthält so selbst schon das Prinzip kulturgeschichtlicher Differenz, in der sich die maßgebliche Verwirklichung des Menschseins als je andere vollzieht. Die rein formelle Freiheit, abstrakt für sich genommen, kollidiert so immer mit den konkreten ethischen Begriffen eines geschichtlich ausgebildeten Freiheitsbewußtseins und seinen sittlich-rechtlichen Bestimmungen. Deren praktische Geltung beruht immer auf der Grundlage gegenseitiger Achtungsverhältnisse – dem Prinzip der Gegenseitigkeit (Reziprozität). Dies aber setzt eine bildungsgeschichtliche Gemeinschaft als ethisches Subjekt voraus. Der Allgemeinbegriff »Menschheit« ist aber die Abstraktion von all dem, was ein solches ausmacht. Keine menschliche Gemeinschaft kann Werte teilen und Rechte achten, die nicht aus der geschichtlichen Negativität ihrer Welterfahrung hervorgingen. In ihr aber gründet die geschichtliche Pluralität menschlicher Gemeinschaften, die sich im Ethos ihres Weltverhaltens darstellt und ihre explizite Artikulationsebene in Kunst und Dichtung, Religion und Philosophie findet. Demgegenüber bleibt der universale Menschenrechtsdiskurs eine labile Konstruktion ohne tiefergehende Fundierung in den geschichtlich ausgebildeten Lebensverhältnissen und dem Machtprinzip ihrer lebendigen Selbstbejahung. Diesem Ethos aber sind die Kulturgemeinschaften tiefer verpflichtet als einer abstrakten Universalmoral, die als fremde Übermächtigung supranationaler Institutionen erfahren wird.[11] Daher der realgeschichtliche Vorrang des kollektiven Selbstbestimmungsrechts vor der Idealität allgemeiner Menschenrechte – auch dem der »individuellen Selbstbestimmung«, die immer am geschichtlichen Kulturgrund der Gemeinschaft die Bedingung ihrer Möglichkeit hat. Menschliche Wirklichkeit untersteht einem ethischen – und nicht einem biologischen Begriff des Menschseins.

Denn wie der Mensch immer ein in seiner kulturgeschichtlichen Faktizität vergemeinschaftetes Wesen ist, so ist auch der Staat als ethisches Gebilde gemeinschaftlichen Rechtsbewußtseins kein Neutrum, sondern das Resultat der geschichtlichen Erfahrung menschlicher Negativität; und was der moderne Staat als seine weltanschauliche Neutralität in Anspruch nimmt, eben nichts anderes als das geschichtliche Resultat des neuzeitlichen Säkularisierungsprozesses, seine Befreiung von den konfessionellen Gegensätzen. Seine »Neutralität« reflektiert die religionsprivative Verfassung moderner Gesellschaften, die in zahlreichen subjektiven Variationen aufgehen mag, nicht aber eine ethische Indifferenz institutionalisierter Rechtsverhältnisse, die eben das ausmachen, was überhaupt ein »Staat« ist und vom geschichtlichen Erfahrungsgehalt der ethischen Gemeinschaft getragen wird. Stehen die Menschenrechte unter der Bedingung rechtsstaatlichen Verhaltens, das durch den Staat – die Rechtsgemeinschaft selbst – definiert wird, dann können sie auch nicht außerhalb und losgelöst von diesen kulturgeschichtlich spezifischen Bedingungen partikulärer Rechtsgemeinschaften als Rechte von »Menschen überhaupt« gelten. Ihre Geltung begrenzt sich auf die ihnen jeweils vorgegebene staatliche Rechtsordnung gegen jeden Machtmißbrauch, den diese selbst nach ihren Regeln zu ahnden hat.

---

11 Wie sich auch jetzt wieder am Debakel in Afghanistan sehen ließ, setzt sich der geistige Kulturgrund immer wieder gegen jede militärische Übermacht durch. Vgl. Napoleon nach dem russischen Feldzug zu Louis de Fontanes, Großmeister der Sorbonne: »Wissen Sie, was mich auf dieser Welt am meisten in Erstaunen setzt? Es ist die Ohnmacht der materiellen Gewalt. Es gibt auf der Welt nur zwei Dinge, das Schwert und den Geist. Auf die Dauer ist es immer der Geist, der über das Schwert siegen wird.« (Zit. n. Gustav Radbruch: Rechtsphilosophie. Heidelberg 1999, S. 80, Anm. 4).

Damit aber sind alle »Menschenrechte« allein Sache der jeweils nationalstaatlichen Rechtsordnung und jenseits ihrer geschichtlichen Differenz nichtig. Daß nun jede geschichtliche Gemeinschaft ihre Rechtsordnung für die wahre, richtige und gute hält, versteht sich von selbst; daß aber nun eine Gemeinschaft meint, alle anderen müßten ihre Rechtsordnung ebenso wahr, richtig und gut finden, sie also übernehmen, gehört zum hegemonialen Machtanspruch der westlichen Moderne, den sie im Menschenrechtsdiskurs institutionalisiert.

IV. MORALISCHE UNBEDINGTHEIT UND GESCHICHTLICHE WIRKLICHKEIT

Man mag einwenden, der regionale, geschichtlich bedingte Ursprung der Menschenrechte in der westlichen Aufklärung widerspreche nicht ihrer weltweiten Universalisierbarkeit. So scheinen wissenschaftliche Erkenntnisse und technische Produktionsweisen kulturell indifferent transponierbar, also global »universalisierbar«. Aber dies gilt nicht in derselben Weise für das kulturgeschichtlich ausgebildete Ethos menschlicher Gemeinschaften: Was ethisch die Grundlage menschlichen Weltverhältnisses bildet, betrifft den Kern menschlichen Selbstseins – um den sich verschiedene gegenständliche Erkenntnisse und Praktiken mitunter indifferent anlagern können. Der substantielle Kern des Selbst- und Weltverständnisses ist kein auswechselbarer Zusatz, sondern verwandelt sich nur durch gänzliche Umkehrungen – revolutionäre Konversionen – der ganzen Daseinsart, wie in der Ausbreitung des Christentums oder des Islam. Ganz analog müßte sich auch die menschenrechtliche Zivilreligion im realgeschichtlichen Prozeß »universalisieren«, um durch ihre technologische und ökonomische Übermacht ein neues, gattungsgemeinschaftliches Ethos des Menschseins zu erzeugen. Aber genau dieser substantielle Kerngehalt eines kulturstiftenden Grundes fehlt ihr – und so bleibt die mentale Kolonisierung des Globus durch allgemeine Vorstellungen eine hohle

Prätention: das ethische Subjekt allererst zu bilden, das die »Menschheit selbst« sein *soll* – ein geklontes Imitat westlicher Wohlstandsbürger, deren geschichtlich kontingente Situation schlecht zum Maß der Weltgeschichte taugt.

Aber im Schatten ökonomischer Globalisierung wird das Gebetbuch der europäischen Moderne zum Auftrag universeller Mission: Indem die »Menschenrechte« als reaktive Überkompensation aus dem Schrecken diktatorischer Gewalt resultieren, reproduzieren sie diese im moralistischen »overkill« absoluter Unbedingtheiten, die zum Machtprinzip globaler Übermächtigung werden: Die moralistische Verabsolutierung der »Allgemeinen Menschenrechte« zu kategorischen Unbedingtheiten transformiert sie zum »Moralimperialismus« westlicher Hegemonialansprüche: »What is universalism to the West, is imperialism to the rest.« (Samuel P. Huntington)[12] Als supranational institutionalisiertes Recht werden sie nun selbst zu einer metapolitischen Staatsgewalt gegen die ethischen Existenzgrundlagen menschlicher Kulturgemeinschaften und ihrer nationalstaatlichen Organisation. Der hegemoniale Machtanspruch der AEMR impliziert damit die Vernichtung des kulturgeschichtlichen Selbstbestimmungsrechts anderer, wie es die AEMR selbst garantiert. Die Aporie ist offensichtlich: Die Menschenrechte widersprechen ihrer Verwirklichung, insofern diese die realgeschichtliche Außerkraftsetzung ihrer Geltung für alle divergierenden Kulturen impliziert. Sie schließen sich selbst in der Idealität ihres Vorstellens ein – aus Furcht vor der realgeschichtlichen Wirklichkeit, die ihre Geltung *gerade für sie selbst* erzeugen würde.

Denn es ist kein Zufall, daß die neuzeitlichen, ausdrücklich *verfassungsrechtlichen* Erklärungen der Menschenrechte von Anbeginn an in diametralem Gegensatz zu der in ihrem Namen praktizierten Realpolitik stehen: Weder verhindern noch beeinflussen die US-amerikanischen Erklärungen (1776: Virginia Bill of Rights, Unabhängigkeitserklärung) die genozidäre Vernichtung der Ureinwohner, den

---

12 Zit. n. Rudolf Burger: Re-Theologisierung der Politik. Springe 2005, S. 93. Vgl. ausführlich Samuel P. Huntington: Kampf der Kulturen. München 2002, S. 312 ff.

Sklavenhandel und die rassistische Unterdrückung, die noch über Jahrhunderte fortbestehen. Nicht viel anders verhält es sich mit der »Erklärung der Menschenrechte« in der Französischen Revolution, die sich über die politische Methode der Schreckensherrschaft zum Export ihrer Werte in der europäischen Hegemonial- und weltweiten Kolonialpolitik entfaltet, um den Sieg der »Tugend« (*vertu*) und des »öffentlichen Heils« (*salut public*) zu garantieren. Ein von Sozialismus wie Faschismus übernommenes Konzept, nur durch Gewalt ließe sich das menschheitlich Gute realisieren. Nicht anders verfährt auch nach der AEMR von 1948 alle Machtpolitik liberaler Demokratien innen- wie außenpolitisch, insbesondere der USA und ihres missionarischen Selbstbewußtseins, die Welt (zuletzt Afghanen und Iraker) zu guten Amerikanern zu bomben.[13]

Die Welt der Menschenrechte bleibt eine solche der ideellen Setzungen: Idealität postulierten Sollens und Realität politischen Handelns fallen auseinander und konstituieren dissoziierte Parallelwelten, von denen sich jede im Schatten der anderen bewegt. Ein postuliertes Sollen, das dermaßen ins Leere läuft und sich dabei umso mehr zu absolut universellen Geltungsansprüchen übersteigert, scheitert nicht an zufälligen institutionellen Insuffizienzen seiner Durchsetzungsmacht. Der Grund liegt tiefer: im fundamentalen Widerspruch von Macht- und Moralprinzip, die beide zugleich und doch unvereinbar das politische Handeln eines schizoiden Westens beanspruchen. Wobei man füglich auf die Frage verzichten muß, ob denn die in Anspruch genommene »Moral« wirklich Moral – und welche? – ist.

Resultat – politische Heuchelei. Denn diese ist nichts anderes als der praktizierte Widerspruch von realgeschichtlichem Machtprinzip und

13 Ein kleines Kompendium US-amerikanischer Völkerrechts- und Menschenrechtsverstöße gibt William Blum in *Zerstörung der Hoffnung* (Frankfurt/Main 2008) und in *America's deadliest export – Democracy. The truth about US foreign policy* (London 2014). Objektiv gesehen wird man kaum eine quantitative Differenz der Verwirklichung von Menschenrechten in den westlichen Demokratien und dem Rest der Welt feststellen können, da diese immer unter der Voraussetzung der geltenden Staatsverfassung stehen, die festlegt, wie weit die Freiheit politischer Meinungsäußerung gehen darf.

ideologischem Moralprinzip, um Macht- und Überwältigungsstrategien den moralischen Anschein begründeten Rechts zu geben. Der durch die Pseudotranszendenz supranationaler Institutionen inkorporierte Menschenrechtsdiskurs erweist sich als institutionalisiertes Blendwerk der Machtpolitik, die – in welchem Ausmaße auch immer – ihrer eigenen Verblendung verfällt: »Wer Menschheit sagt, will betrügen«[14] (Carl Schmitt) – oder betrügt sich selbst.

In der Institutionalisierung der Menschenrechte zu moralischen Unbedingtheiten artikuliert sich der Hegemonialanspruch des aus der Säkularisierung des christlichen Monotheismus resultierenden teleologischen Wahrheitsbewußtseins der Moderne, ihres geschichtsmetaphysischen Selbstverständnisses. Der menschenrechtliche Moralimperialismus besorgt als Erbe des Katholizismus die Missionierung der Unaufgeklärten, um durch mentale Kolonisierung des Globus eine Systemgleichheit zu erzwingen, die den weltweiten Finanz- und Güterverkehr absichert und ihm damit die Tore öffnet zur Übermächtigung anderer Menschheitskulturen durch die technologischen Führungsnationen. Der zivilreligiöse Glaube wird zum geschichtlichen Heilsprojekt, das als seine Religionswächter ein Heer von moralistischen Großinquisitoren und Moralagenturen aufbietet und mit dem Autoritätsabzeichen des »Internationalen« durchs Land schickt, um überall den leisesten Anflug von Diskriminierung zu verfolgen und dem Gleichheitsdogma zu unterwerfen. Damit übersetzt die Menschenrechtsideologie die technoökonomische Gleichschaltung des Planeten in den mentalen Überbau legitimierter Übermächtigungsstrategien und ist nichts anderes als die moralische Verhüllung westlicher Machtpolitik.

Der Menschenrechtsdiskurs krankt an seiner Prätention moralischer Unbedingtheit, die allein Sache des Einzelnen, nie aber die der Gemeinschaft ist. Denn Sache der Gemeinschaft ist es, der rein juridischen (nicht: moralischen) Geltung von Rechtssetzungen durch die Legalität des Verhaltens ihre praktische Geltung zu verbürgen. Im Gegensatz zum Moralischen ist juridische Geltung nie »unbedingt« oder »absolut«, sondern immer bedingt und abhängig von der Rechts-

14 Carl Schmitt: Der Begriff des Politischen. [1932] Berlin 2002, S. 55.

setzung durch natürliche Subjekte und ihre Macht der Rechtsverwirklichung, die bekanntlich durchaus »unmoralisch« sein und mit dem Gewissen des Einzelnen kollidieren können. Selbst wo die Macht der Rechtsdurchsetzung total ist, ist sie als rein physische Nötigung nicht mit der Unbedingtheit als rein geistiger Geltung zu verwechseln, die der Mensch als sein nicht andersseinkönnendes Wesen, d.h. als innerste, unumgängliche Nötigung erfährt.

Ist alles Recht bedingungsweise an die Selbsterhaltung und Selbstachtung der Rechtsgemeinschaft geknüpft, deren Verhältnisse es regelt, dann geht die größte Gefahr für sie aus von supranationalen »Metarechten«, die sie in die Idealität universalmoralischen Sollens ohne ethisches Subjekt übergreifen: Wo dem internationalen Recht (Völkerrecht, Menschenrechte) die Fundierung fehlt, schwebt alles in der Luft willkürlicher Anerkennung je nach Interessenlage, also der Machtpolitik. Internationale Rechtsverhältnisse binden keine starken, selbstbewußten Staaten, sondern sind nur »der Königsweg der Schwachen und Kleinen, Einfluß auf die Mächtigen zu bekommen«.[15] Der moralische Universalismus, der sich in supranationalen Metarechten einen Ausdruck verschafft, hat also keine ethische, sondern nur die rein machtstrategische Funktion, politische Ohnmacht zu kompensieren.

V. DEMOKRATIE UNTERWEGS ZUR MORALDIKTATUR

Angesichts seiner realgeschichtlichen Ohnmacht in allen internationalen Verhältnissen – seinem weltpolitischen Scheitern – zieht sich der Menschenrechtsdiskurs immer mehr auf sich selbst zurück: Übrig bleibt die Selbstanwendung seiner ideologischen Überkompensation auf die liberalen Demokratien, die sich dadurch in ihrem eigenen Be-

[15] Egon Bahr: Deutsche Interessen. München 1998, S. 18. Vgl. dazu ausführlich vom Vf.: »Real- statt Moralpolitik: Zu Ehren von Egon Bahr« (*TUMULT*-Blog).

stand untergraben. Ist es nicht paradox, wenn der UN-Migrationspakt das weltweite Versagen der Menschenrechte zum Recht auf Migration umkehrt, also ihre realgeschichtliche Ohnmacht dadurch zu kompensieren trachtet, daß er den demokratischen Rechtsstaaten die Verpflichtung aufbürdet, die Unverhältnisse anderer auszugleichen? Und durch den Import dieser Unverhältnisse sich selbst in Gefahr bringt?

Der Rückschlag des Menschenrechtsdiskurses auf die liberalen Demokratien ist erheblich. Indem er zur Sache supranationaler Institutionen geworden ist, bleibt ihnen nur der Vollzug der Leitvorgaben, die von einer anonymen Funktionärselite als universelle Rechtspostulate konzipiert und mit der pseudosakralen Autorität einer alle Partikularitäten übersteigenden institutionellen Transzendenz verkündet werden, aber kaum mehr als die Selbstideologisierung ihrer eigenen Existenzbedingungen bieten: Es ist der Weg in den institutionellen Autismus einer gegenüber der geschichtlichen Wirklichkeit verselbständigten Parallelwelt: eines neuen Katholizismus des »Allgemeinen Wahren«, der über den Klerus seiner Moralagenturen das öffentliche Leben der Demokratien zu kontrollieren sucht.

Konsequenz: die Ideologisierung des Demokratiebegriffs, seine Umwandlung aus einem in der ethischen Bildung der sittlichen Allgemeinheit fundierten rein formalen Mehrheitsbegriff zu einem über die Menschenrechte inhaltlich aufgeladenen Heilsbegriff von »Werten«. Der Staat definiert sich nicht mehr aus der Ethik als aus der »Tüchtigkeit« (*arete, virtus*) der Einzelnen heraus erzeugtes Machtgefüge, sondern als ökonomisierte »Wertegemeinschaft«, die an ihren »Werten« ihre eigenen Subsistenzbedingungen beschwört. »Werte« gibt es nur dort, wo das Gute zur Ware geworden ist, die man selbst besitzt und anderen verkaufen kann. Sie sind die zu äußeren Vitrinengöttern verdinglichten Idole, an denen sich der Zeitgeist einen Schaukasten errichtet, an dem er sich selbst anbetet. Wo die »Tüchtigkeit« einst die Überwindung naturhaften Übermächtigungsverlangens als Bildungsbegriff des Menschseins festschrieb, bleibt dem sakralisierten Natursubjekt nur noch die Ideologisierung seiner biologischen Faktizität, die als »Ideal der Gleichheit« zum moralischen Imperativ von Diskriminierungsverboten wird. Gleichheit, die sich menschenrechtlich aus dem Allgemeinbegriff rein naturhaften Menschseins (Monogenese) begründet, lebt von der Negation ethisch sich bildenden Lebensverlangens (*eros*), durch das sich die natürlichen Differenzen in existentielle übersetzen. War die Gleichheit »vor Gott« oder »vor dem Gesetz« immer eine Gleichheit *zur ethischen oder strafrechtlichen Diskriminierung*, so ist sie nun in ihrer Naturalisierung zur Idealität eines biologischen Artbegriffs verballhornt, der von aller ethischen Selbstbildung des Menschen absieht und genau diese Negation zur menschenrechtlichen Universalmoral erhebt.

Das Begriffsallgemeine begründet das Ideal der Gleichheit als Erlösung des Menschen von allen Unterschieden, damit aber auch von aller Wirklichkeit, so daß seine Existenz eigentlich die des Allgemeinbegriffs selbst sein müßte, den keiner – kein wirklicher Mensch – mehr denkt. Als naturalisierte »Gleiche« sind sie das Begriffsallgemeine selbst und verhalten sich als seine Reduplikationen wie Begriffsschatten zueinander. Die Gleichheit ist nun eine ganz und gar leere, die keinerlei ethische Diskriminierung mehr zuläßt. Darin sind nun in der Tat alle gleich – aber keine Menschen mehr, nur noch Begriffsschatten metaphysischer Intentionen, die im kollektivierten Gleichheits- und Antidiskriminierungswahn ihr Ideal menschlicher Verhältnisse zu totalitären Ausgrenzungen ausbreiten und jede noch so scheinbare Abweichung als »Haß und Hetze« verfemen: Die ethische Gemeinschaft wird moralpolitisch umerzogen, die Meinungsfreiheit durch inhaltlich unbestimmte und beliebig erweiterungsfähige Begriffe wie »Volksverhetzung« auf Gleichheitsgebote beschnitten, die der Immunisierung vor Kritik und damit der Indifferenz menschlicher Verhältnisse dienen. Verstand man unter dem noch ganz obrigkeitsstaatlichen Begriff der »Volksverhetzung« einst (1871) die »Aufreizung verschiedener Klassen der Bevölkerung zu Gewalttaten«, so steht er heute für die rein semantische Verletzlichkeit subjektiven Empfindens, das sich in seiner wie auch immer verspürten »Würde« sprachlich-symbolisch angegriffen fühlt, um daraus Kompensationsleistungen abzuleiten, die zum blühenden Geschäft der Diskriminierungsopfer werden. Das begriffliche Inventar aus retrograd aufgeladenen, aber assoziativ beliebig dehnbaren verbalen Erregungsschemata hat es nur noch mit der moralistischen Selbstinszenierung eines allgemeinen Denunziantentums zu tun, das seine Gehässigkeiten unter dem Deckmantel der »Moral« abführt und die moralische Hysterisierung der Öffentlichkeit betreibt.[16] Selbst die Justiz wird zugunsten der privaten Meinungspolizei führender Internetunternehmen entmündigt (NetzDG). Wo der Staat durch »Auslagerung« (*outsourcing*) von Zensur an Privatunternehmen seine Hände in menschenrechtlicher Unschuld waschen und auf die Reinigungskräfte moralverhetzter »shitstorms« zählen kann, wundert es nicht, wenn eine signifikante Zweidrittelmehrheit der Bürger ihre Furcht vor der freien Meinungsäußerung bekennt: Am inneren Repressionsdruck kippt die demokratische Lebenskultur um ins Totalitäre, das sich moralisch gibt. Politik, die durch gedächtnispolitische Memorialgesetze eine ideologische Moralpolitik verfolgt, läßt mit der Zerstörung wissenschaftlicher Vernunft auch die für das geschichtliche Ethos moderner Gesellschaften grundlegenden Bildungsinstitutionen verkommen.[17] Damit wird der allgemeinen Moralhatz denunziatorischer Entrüstungs- und Empörungswellen Tür und Tor geöffnet.

Der über moralische Inhalte ideologisierte Demokratiebegriff kippt binnengesellschaftlich um ins Totalitäre, auch wenn die formalen Strukturen demokratischer Staatlichkeit erhalten bleiben. Indem das Verhältnis des Staates zu seinen Bürgern, ihre Rechtsgleichheit vor dem Gesetz, auf das ethische Binnenverhältnis der Bürger zueinander übertragen wird, verkehrt sich der politische Gleichheitsgrundsatz zur Moraldiktatur antidiskriminatorischer Gleichmacherei, die den Menschen all seiner physischen und kulturgeschichtlichen Eigenheiten beraubt: Er wird zum Abstraktum von »Gleichen« sakralisiert, die sich alle »gleich« sein sollen, aber höchstens »gleichgültig« werden können. Die Gleichheit zerstört den Eros der lebendigen Gemeinschaft, der ganz von den Attraktions- und Repulsionskräften zwischenmenschlichen Begegnens lebt: Der lebendige Erotismus menschlichen Weltver-

---

16 Vgl. dazu vom Vf.: »Moderne Waffentechnik, posttheologisch«, in: *TUMULT*, Frühjahr 2019.

17 Vgl. Egon Flaig: Die Niederlage der Vernunft. Springe 2017, Kap. 7, zum Historikerstreit in Frankreich (Lex Taubira). Nicht nur in der Geschichtswissenschaft, auch in den Naturwissenschaften wird das Erkennen moralideologischen Imperativen unterworfen (Klima, Gender usw.) und entsprechend sanktioniert.

haltens schließt alle Gleichheit aus und entfaltet den ganzen Reichtum menschlicher Lebenswirklichkeit im magnetischen Feld von Ungleichheiten, das aus dem Differenzgefälle von Eigen- und Besonderheiten seine ganze lebendige Kraft von Anziehung und Abstoßung schöpft: Sie werden in den Gegensätzen von Sympathie und Antipathie, Liebe und Haß, Freundschaft und Feindschaft, von Lob und Tadel, Achtung und Verachtung, Hoch- und Geringschätzung, Ehrung und Verschmähung, Bewunderung und Beschämung zwischen Individuen wie Gruppen ausgetragen und erzeugen die geschichtliche Bildung ihrer Zeit durch wechselseitige Ausgrenzung und Diskriminierung: Diskriminierung ist immer auch eine Aufforderung, sich in seinem Menschsein zu bilden. Die Moral antidiskriminatorischer Gleichheit vergewaltigt mit der ethisch differenzierenden Wahrnehmung menschlicher Lebenswirklichkeit zugleich auch die freie Ausbildung der Urteilskraft an individuellen wie kulturellen Vorbildern und Leitfiguren. Denn durch die Erhebung der einen werden die anderen »herabgesetzt«. Was dann als »Kulturrassismus« verfemt wird – nur um die Gehässigkeitsvokabel »Rassismus« doch noch irgendwie unterzubringen und negative Affekte zu entladen.

Aber die Faktizität unterscheidenden Lebens- und Bildungsverlangens gehört zur freien Entfaltung gesellschaftlicher Negativität und ist weder eine Sache moralischer Verurteilungen noch Gegenstand staatlicher Gesetzgebung. Allgemeine Gleichheit postuliert den Bildungsverfall: sich nicht bilden, sich nichts mehr abverlangen müssen, nichts Bestimmtes und überhaupt nichts mehr zu sein. Daher: Nivellierung und Auflösung sich unterscheidender Personalität, Infantilisierung des Menschen, Endstation: Therapiegesellschaft. Man will und kann nicht mehr Gegenüber, gar Gegensatz sein und introvertiert die lebendige Negativität zur Selbstvergewaltigung seines Daseins, die nur zur Heuchelei erziehen, innerlich vergiften und krankmachen kann.

Nur im depressiven Kollaps des lebendigen Eros, von Indifferenz, Gleichgültigkeit und Desinteresse ist »alles gleich«: dies die nihilistische Formel der Entwertung aller Dinge und der Nichtigkeit des Lebens selbst. Ist also der Gleichheits- und Antidiskriminierungswahn der Moderne eine Formel nihilistischer Verzweiflung und Depressivität? Und das Ideal der Gleichheit die metaphysische Sehnsucht nach dem Tod, die in Haß und Gewalt gegen die Vielfalt lebendiger Selbstbejahung in all ihren Differenzen und Besonderheiten ausbricht und sich gegen die Negativität des Wirklichen wirft, ihre produktive Schöpferkraft? Vielleicht, um der eigenen Depressivität zu entkommen und sich (noch) lebendig zu spüren? Moralischer Fanatismus als Reanimationstherapie nihilistischer Wohlstandsgesellschaften? Ist es diese ethische Verfassung der Menschheit, die der Menschenrechtsdiskurs als das universelle Gute verkündet, nur um sich selbst erträglich zu werden?

Wie dem auch sei: Der Tribut, den der gleichgeschaltete Einzelne für seine Sakralisierung zahlt, ist die Freiheit seiner ganzen lebendigen Welterfahrung, der kraft ihrer eigenen Differenz eben nicht alle Menschen »gleich« sind. Er erfährt seine Sakralisierung als Vergewaltigung seines lebendigen Daseins und möchte auf sie – wie auf all seine Würde und Rechte als »Mensch überhaupt« – wieder gerne verzichten. Das »Menschenrecht«, das seine vereinzelte Subjektivität als unverletzliche Rechtsinstanz schmeichelte, erweist sich ihm als Betrug seiner lebendigen Freiheit. Damit beginnt die Opposition gegen die »Menschenrechte«: Was als *Befreiung* intendiert war, kehrt sich um – nach oben zur supranationalen Hegemonie institutionalisierter Funktionärseliten, nach unten zur Moraldiktatur öffentlicher Diskurse. Dem Bürger bleibt das »Reich der Unfreiheit«, das mit »shitstorms«, »political correctness« und »cancel culture« alle lebenspraktische und geistige Freiheit unter sich zu begraben droht.

VI. MENSCHENRECHTSJUSTIZ UND GEMEINSCHAFTSETHOS

Damit kehrt sich in seiner ganzen Fragwürdigkeit hervor, was Grundlage des Menschenrechtsdiskurses – die geschichtliche und ethische Neutralisierung individuellen wie kollektiven Menschseins, die bis zur expliziten Selbstaufgabe des Staates führt. Die bedenkliche Rolle, die dabei die Justiz – und an erster Stelle der Europäische Gerichtshof für Menschenrechte in Straßburg (EGMR) – spielt, ist seit langem bekannt. Wenn deren vorsitzende Richterin, Renate Jäger, im Gäfgen-Prozeß erklärt, daß das menschenrechtliche Folterverbot auch dann unabdingbar sei, »wenn der Bestand des Staates auf dem Spiel steht«, also der Rechtsgemeinschaft selbst, dann wird ein individuelles Recht zur Bedrohung kollektiver Existenz – mit allen katastrophalen Folgen.[18] Die Berufung auf menschenrechtliche Unbedingtheiten qua »Höchstwerte« beraubt die Staaten ihrer Abwehrrechte und setzt sie damit der Gefahr ihrer Selbstauflösung aus – was einer supranationalen »global governance« zuarbeiten mag. Entsprechend bewegt sich auch der Europäische Gerichtshof (EuGH) in der nicht geklärten Grauzone von nationalem Verfassungsrecht und supranationalem EU-Recht und arbeitet kraft seines politischen Mandats für eine »ever closer union« an der Entmündigung nationaler Parlamente – des einzig legitimen demokratischen Subjekts. Eine politisierte Judikative, die im Namen einer »höheren« (moralischen, humanitären) Legitimität den Rahmen verfassungsrechtlicher Legalität durchbricht, kann auch keine Abwehrrechte des demokratischen Souveräns mehr gewährleisten.

Die moralideologische Verabsolutierung von »Menschenrechten« hat sich nicht zuletzt in der gesamten Asyl- und Migrationspolitik längst in einen obstruktiven Gegensatz zu den legitimen Abwehrrechten des demokratischen Rechtsstaates gebracht. In seinem Rechtsvollzug menschenrechtlich ausgehöhlt, steht er auch den neueren Phänomenen migrationsbedingter Kriminalität (von Clans, organisierten Banden, Parallelgesellschaften, »No-go-areas«) hilflos gegenüber und vermag die Sicherheit seiner Bürger nicht mehr zu gewährleisten. Daher die inneren Zerwürfnisse der EU, die zum »Brexit« führten und sich in der Konfrontation mit den Visegrád-Staaten bedrohlich fortsetzen. In all diesen Fällen verabschiedet sich die Justiz von der ethischen Grundlage nationalstaatlich geeinter Rechtsgemeinschaften und wird vom demokratischen Subjekt – den europäischen Bürgern – nur noch

---

18 Dazu genauer im zweiten Teil, Kap. II, 2: Der menschenrechtliche Suizid der Politik (S. 68–73).

als anmaßende Entmachtung durch Brüsseler Autokraten und ihren Rechtsinstitutionen (EuGH und EGMR) erfahren.[19]

Aber die »Unabhängigkeit« der Justiz meint ihre Weisungsfreiheit gegenüber der politischen Regierungsmacht, keine Verselbständigung gegenüber der Rechtsgemeinschaft, deren Selbsterhaltung und produktive Entwicklung den Sinn der Gesetze ausmacht. Sie schwebt nicht in einem luftleeren metaphysischen Raum, um als pseudotheologische Moralinstanz das Gute und Schlechte der Menschheit überhaupt zu beurteilen, sondern ist ihrem ganzen Dasein nach fundiert in der Existenz einer lebendigen Rechtsgemeinschaft, die sie um ihrer selbst willen zu wahren hat. Wenn der EGMR etwa Italien und Spanien wegen der Rückführung illegaler Einwanderer verurteilt und Strafzahlungen anordnet, dann verkehrt er die nationalen Schutz- und Abwehrrechte, die zum Grundbestand staatlicher Souveränität gehören, gegen das Selbsterhaltungsrecht der Rechtsgemeinschaft. Die Menschenrechte werden zum Schutzschild der Illegalität, das von der Justiz gegen das bildungsgeschichtliche Ethos der Rechtsgemeinschaft erhoben wird, dem sie verpflichtet ist. Genießen Polygamie, Zwangsverheiratung, Vollverschleierung und andere geschlechtsspezifische, sittlich-religiös motivierte Praktiken binnengesellschaftlich denselben menschenrechtlichen Schutz wie das ihnen diametral entgegengesetzte Ethos derer, die »schon länger hier leben«, dann verleugnet der Rechtsstaat sein tragendes ethisches Fundament in der geschichtlich ausgebildeten Kulturgemeinschaft, die seinen Sinnhorizont umgrenzt. Sowenig wie die Justiz ist der Staat selbst ein ethisch-weltanschauliches »Neutrum«, sondern ein aus der geschichtlichen Erfahrung der Gemeinschaft hervorgehendes ethisches Gebilde, das sich in seinen Rechtsverhältnissen institutionalisiert. Seine Neutralität endet dort, wo diese überschritten und in ihren ethischen Fundamenten aus-

---

19 Vgl. etwa die Erklärung von Theresa May im April 2016, es sei nötig, sich vom Einfluß der EMRK und dem des EuGH für Menschenrechte zu befreien: »Die Menschenrechtskonvention kann dem Parlament die Hände binden, trägt nichts zu unserem Wohlstand bei, macht unser Land unsicherer durch das Verhindern der Abschiebung gefährlicher, krimineller, ausländischer Staatsbürger und tut nichts um die Einstellung zu Menschenrechten bei Regierungen, wie der Russlands, zu ändern.« (Zit. n. Wikipedia-Artikel EMRK)

gehöhlt werden. Sie ist keine ethische Indifferenz kulturgeschichtlicher Transzendenz, sondern die Integrationsmacht gesellschaftlicher Negativität, die sich im Verhältnis von Anderen zu Anderen als wesentlich »Ungleichen« entfaltet. Nur im ausschließlichen Hinblick auf die Integration dieser Differenzen zur ethischen Bildung der Gemeinschaft gelten staatliche Diskriminierungsverbote und Gleichheitsgebote; ihre Übertragung auf die Zivilgesellschaft verkehrt ihren Sinn zur ethischen Indifferenz von geschichtslos neutralisierten »›Gleichen»‹ und vernichtet die Autonomie des Einzelnen, sich im Spiel der Differenzen seine eigene, ethisch unterschiedene Wirklichkeit zu geben.

Eine menschenrechtlich universale Justiz aber betreibt innenpolitisch die Selbstaufhebung des bildungsgeschichtlichen Ethos, während außenpolitisch dann umgekehrt die sittlichen Überzeugungen ganzer Völker moralideologisch diffamiert werden. Es bleibt eine moralideologische Anmaßung, wenn der EGMR Rußland und anderen osteuropäischen Staaten in Sachen Religionsfreiheit oder Sexualität Auffassungen im Namen (vermeintlich) allgemeiner Menschenrechte oktroyiert, die dem geschichtlich ausgebildeten Ethos einer ganzen Gemeinschaft widersprechen. Es ist deshalb nicht verwunderlich, wenn der EGMR zunehmend seine ganze Rechtsautorität einbüßt.[20]

Martin Schubarth hat die Kritik an »der ausufernden, teilweise demokratiefeindlichen Straßburger Rechtsprechung« ins Prinzipielle geführt:[21] Statt sich, wie es in den 1970er Jahren dem Konzept der Euro-

---

20 Vgl. Ann-Dorit Boy: »Strassburg verurteilt Moskaus Homophobie«, in: *NZZ*, 20.6.2017. Rußland stellt deshalb seit 2015 russisches Recht über die Straßburger Urteile. Briten und Polen sind der EU-Charta erst gar nicht beigetreten, anderen wurde die »opt. out« vorbehalten (vgl. Anm. 17). Entsprechend die Opposition der Visegrád-Staaten gegen die EU-Menschenrechtsmoral (Migration, Sexualität).

21 Martin Schubarth: »Die Europäische Menschenrechtskonvention hat sich verrannt«, in: *NZZ*, 2.11.2017. Vgl. zum mittlerweile im EU-Recht weit verbreiteten Rekurs auf überpositive (moralisch-humanitäre) »Werte«, die als »softlaw« ohne jede demokratische Legitimation gesetzgeberische Wirkung entfalten, Dieter Grimm in: Günter Stock (Hg.), Zukunftsort Europa. Berlin 2015, S. 93 ff., ebenso Andreas Voßkuhle, S. 135 ff., Birgit Kelle in: David Engels (Hg.): Renovatio Europae. Lüdinghausen/Berlin 2019, S. 113 ff. Eine Übersicht gibt auch Alexander Wendt in: *Tichys Einblick* 11/2021, S. 14 ff.

päischen Menschenrechtskonvention (EMRK) entsprach, »auf den Schutz zentraler menschenrechtlicher Garantien zu konzentrieren«, stelle der EGMR »heute unter Rückgriff auf die EMRK europäische Regeln auf, die nach klassischem Verständnis in die Kompetenz der nationalen Gesetzgeber fallen. Ein erheblicher Teil der Straßburger Rechtsprechung hat mit den in der EMRK verankerten zentralen menschenrechtlichen Garantien nichts zu tun – im Gegenteil.« Der Mißbrauch, die nationale, im ethischen Rechtsbewußtsein ihrer Bevölkerung verankerte Rechtspraxis zu entmündigen, ist offenkundig: »Der EGMR nimmt für sich in Anspruch, den Inhalt der EMRK ›dynamisch‹ weiterzuentwickeln mit verbindlicher Wirkung für die nationalen Gesetzgeber der 47 Europaratsstaaten. Deshalb hätte, wenn Straßburg von diesem angeblichen Recht Gebrauch machen würde, die Auffassung der Mehrheit eines Straßburger Richtergremiums von maximal siebzehn Richtern gesetzgeberische Wirkung; die nationalen Gesetzgeber wären insoweit entmachtet.« Schubarth stellt klar: »Für eine solche dynamische Rechtsprechung findet sich entgegen einer oft unkritisch wiedergekäuten Auffassung in der EMRK keine Rechtsgrundlage. Im Gegenteil: Es soll gemäß der Präambel zur EMRK eine wahrhaft politische demokratische Ordnung gesichert werden. Das ist ein klares Bekenntnis zum demokratisch legitimierten Gesetzgeber. Mit der Dynamisierung der Rechtsprechung ist übrigens ein bemerkenswerter Funktionswandel der Justiz verbunden. Nach herkömmlicher und zutreffender Auffassung wacht die Justiz darüber, dass die Dynamisierung des Rechts nicht auf Kosten des Gesetzgebers geht. Wenn die Justiz die Rechtsprechung dynamisiert, konterkariert sie ihre Aufgabe und verpolitisiert sich.« Kurz: »Dynamische Auslegung ist [...] kein völkerrechtlicher Auslegungsgrundsatz. [...] Wie sehr sich der EGMR verrannt hat, zeigen die von ihm erfundenen Auslegungstopoi wie etwa die These, die in der EMRK enthaltenen Werte seien entsprechend dem ›gesellschaftlichen Wandel in Europa‹ auszulegen.« Schubarth mahnt: »Einen solchen einheitlichen Wandel – von Lissabon bis Wladiwostok, von Reykjavik bis Tbilissi – wird es in den seltensten Fällen geben; doch besteht die Gefahr, dass der EGMR einen solchen erfindet. Ebenso nichtssagend wie gefährlich ist ein behaupteter ›menschenrechtlicher Zeitgeist‹. Unhaltbar ist die These, die ähnliche Beantwortung einer Rechtsfrage durch eine Mehrzahl der Konventionsstaaten bilde ein Indiz für eine durch den EGMR durchzusetzende europäische Einheitslösung.« Soweit Schubarth.[22]

Die moralideologische Selbstüberhebung der Justiz zur metapolitischen Instanz, die über ihre Rechtsauslegung zu neuen Rechtssetzungen führt und damit die Legislative zu übernehmen droht, erzeugt sich aus einem medial propagierten Zeitgeist, der in den natürlichen Subjekten der Rechtsprechung – den Richtern – sein Unwesen treibt: die Aufhebung des Politischen selbst.[23] Obgleich es dem modernen Rechtsverständnis entgegengesetzt ist, Gesetze als »göttlich«, sakrosankt und als unbedingte Geltungen zu verstehen, mag sich die moralistische Aufladung von Recht und Gesetz zu kategorischer Unbedingtheit noch aus theologisch anerzogenen Affekten der bedingungslosen Unterwerfung unter den gesetzgebenden und rechtsprechenden Gott nähren: Denn moralideologisch wie theologisch sind Recht und Gesetz als »Unbedingtheiten absoluter Geltung« verstanden. Unter diesen Bedingungen entsteht dann eine ideologisch vermoralisierte Justiz als eigene, staatsenthobene Metainstanz, die vom religiösen Schein moralistischer Absolutheit lebt und auch noch die kulturelle wenn nicht physische Selbstauslöschung anempfiehlt.

Im Windschatten solcher Menschenrechtsdogmatik kann dann auch die politische Entscheidung von Merkel für die Grenzöffnung im Spätsommer 2015 ein isoliertes Menschenrecht als positive Rechts-

---

22 »Dynamische Rechtsauslegung« bedeutet in letzter Konsequenz nichts anderes, als daß sich der »Zeitgeist« in der Person amtierender Richter zum Gesetzgeber macht: Denn die Auslegung bestimmt den Sinn der Gesetze. Die Justiz steht damit in der Gefahr, sich die Funktion einer Legislative qua Gegenregierung anzumaßen. Gegen eine entsprechende wertphilosophische Rechtsprechung ohne jede politische Legitimität schon Carl Schmitt in *Die Tyrannei der Werte* (3. Aufl. Berlin 2011).

23 Vgl. Flaig, a.a.O., S. 310. Die Anwendung der allgemeinen Menschenrechte als positive Gesetze führt zur Selbstauflösung der sie allein gewährleistenden demokratischen Staaten: Sie können überhaupt nur als überpositive Regulative fungieren.

norm setzen und das Asyl- zu einem Einwanderungsrecht pervertieren: Ein moralideologisch überhöhtes Sekundarrecht, das ohne konkrete staatsbezogene Legitimität bleibt, führt zu einem partiellen Kollaps der Staatlichkeit und ihrer gesamten Rechtsordnung (Horst Seehofer: »Herrschaft des Unrechts«). Wer das menschenrechtliche Moralprinzip über das Machtprinzip des Staates setzt und seine Unbedingtheit gegen seine rechtsstaatlichen Bedingungen kehrt, vernichtet die ethischen Grundlagen menschlicher Gemeinschaften. Jede politische Gemeinschaft verfügt kraft ihrer selbst – der Macht ihrer Gesetzgebung – über das territoriale Vorrecht, auf ihrem Gebiet nur zuzulassen, was ihrer allgemeinen Sittlichkeit entspricht. Daher das Recht der Begrenzung allgemeiner Menschenrechte – des Ausschließens kulturdifferenter Besonderheiten, die als Bedrohung der Grundlagen der eigenen ethischen Kultur erfahren werden. Dagegen verstößt die universalmoralische Gleichschaltung von kulturellen Rechten verschiedener Traditionen innerhalb einer territorialen Einheit, z.B. die Rechtsgleichheit von christlichen und islamischen Symbolen innerhalb Europas. Die Gleichheit aller Menschen in allen Rechtsgemeinschaften ist die Preisgabe des Primats der eigenen geschichtlichen Kultur und ihres Ethos – ihres territorial begründeten Vorrechts, sich überhaupt eine Rechtsverfassung zu geben und als Rechtsstaat zu begründen. Wie soll man auch aus dem »Menschsein überhaupt« die Rechtsgleichheit innerhalb ethisch verschiedener Gemeinschaften begründen, da diese Rechte selbst geschichtlich spezifische kulturelle Errungenschaften sind, die nur auf der Grundlage des vergemeinschafteten Ethos und damit der durchgängigen Gegenseitigkeit ihrer Anerkennung gelten?

Gerade die Verpflichtung zur Wahrung der Menschenrechte impliziert, keine politische Bewegung zuzulassen, die sie ausdrücklich verneint und aufzuheben strebt. Dies hieße etwa von europäischer Seite, ein generelles Scharia-Verbot auf EU-Territorium. Die im Namen von »Menschenrechten« defensivlos inszenierte Einwanderungspolitik erwiese sich damit selbst als Verstoß gegen die europäische Menschenrechtskonvention, wie mitunter von den Visegrád-Staaten geltend gemacht wird. Die Kontroverse um nationale Rechtssouveränität vs. supranationales EU-Recht, die schon den »Brexit« und das Scheitern des

Rahmenabkommens der Schweiz mit der EU mitbestimmte, hat jüngst durch das Urteil des polnischen Verfassungsgerichts, sich nicht bedingungslos dem EU-Recht zu unterwerfen, eine neue Eskalationsstufe erreicht: Das EU-Konstrukt einer gegenüber den ethischen Rechtsgemeinschaften verselbständigten Justiz universalistischer Menschenrechtsmoral droht selbst zu zerreißen. Es ist das Michael-Kohlhaas-Syndrom, eine zur Unbedingtheit verabsolutierte Rechtsvorstellung gegen alle menschlichen Realitäten durchzusetzen, und gehe die Welt dabei auch selbst zugrunde: »Fiat iustitia pereat mundus«!

VII. DIE SUBJEKTIVIERUNG DES RECHTS

Mit dem konzeptionellen Umbruch von den freiheitlichen Abwehrrechten zu den soziokulturellen Anspruchsrechten wird der Menschenrechtsdiskurs zum »Einfallstor« des Zeitgeistes und seiner Ansprüche (Ernst-Wolfgang Böckenförde), die fortlaufend durch die lebensweltlichen Wünschbarkeiten einer durch Wohlstand und Frieden von aller Not und Gewalt befreiten Zivilgesellschaft angereichert werden. Darin liegt weit mehr als nur die »Gefahr, daß das geltende Recht durch persönliche Moralvorstellungen ersetzt wird«[24], die Auflösung des Begriffs des Rechts selbst und mit ihm des Gegenstandsbereiches des Politischen: die Rechtsordnung der Gemeinschaft. Das Prinzip der Legitimität verschiebt sich auf die Bedürfnissituation des vom Fürsorgestaat zu versorgenden Einzelnen; aber alles Recht hat seinen Grund an der Existenz der Gemeinschaft als solcher – und nicht des Einzelnen.

Die entscheidende Gelenkstelle im Übergang von den Abwehr- zu den Anspruchsrechten hat Peter J. Brenner am Begriff der »Würde« ausgemacht, der sich vom Wesensbegriff des Menschen als freiem Vernunftwesen ablöst und zum sozialpolitischen Begriff »menschen-

---

24 Hans-Jürgen Papier, in: *Thüringer Allgemeine*, 13.10.2018. Vgl. Ernst-Wolfgang Böckenförde: Recht, Staat, Freiheit. Frankfurt/Main 1993, S. 53 ff.

würdiger Existenz« abwandelt, die – nach den jeweils zeitgeistigen Vorstellungen – vom Staate zu gewährleisten sei.[25] Zum Inhalt positiv einklagbaren Rechts erhoben wird die »Würde« zum »Schleusenbegriff« (Böckenförde) der Verrechtlichung sozioökonomischer Begierden. Die Verrechtlichung sakralisiert das Begehren – es wird zum unangreifbaren Subjektbestand, die Rechtsordnung zum Spielball der Begierden. Damit wird der Begriff des Rechts selbst zerstört: Er verliert seine im Rechtsempfinden der Gemeinschaft fundierte Objektivität (Sachgemäßheit), Gemeinschaftsleben zu ermöglichen, zu gewährleisten und unter sich wandelnden Bedingungen fortzuentwickeln. Damit aber verliert er auch seinen Geltungsanspruch praktischer Allgemeinheit: Er wird zum Ausdruck eines subjektiven Empfindens, das seine Bedürfnisse und Moralvorstellungen haben mag – aber kein Recht auf die Allgemeinheit. Es fehlt das sachlich begründete Moment objektiver, im Leben der Gemeinschaft begründeter Notwendigkeit und erhält den Anschein der Willkür, die mit der inflationären Aufblähung von Ansprüchen zur Überforderung der institutionalisierten Rechtsgemeinschaft und damit zur Aushöhlung ihrer Verläßlichkeit führt. Was als Sakralisierung von Begehrlichkeiten begann, endet in der Entwertung von Rechtsverhältnissen und dem allgemeinen Verlust der Rechtsachtung. Die Subjektivierung des Rechts erzeugt den infantilisierten Bürger und den durch Überforderung ohnmächtigen Staat, der sich im mentalen Chaos gesetzgeberischer Nichtigkeiten, ideologischer Partikularinteressen, technischer Regulierungswut und moralistischer Schikane verliert: Zeichen ethischer Ratlosigkeit, Schwund objektiver Rechtsbegriffe, Verlust fester Maßstäbe politischen Gemeinschaftshandelns.

Der in seiner menschenrechtlichen Unverletzlichkeit geschmeichelte Einzelne mag sich dann auch alle Gedanken darüber ersparen, unter welchen geschichtlichen Bedingungen der Staat die Erfüllung

---

25 Vgl. Peter J. Brenner: »Menschenwürde, Menschenrechte, Menschenpflichten«, in: *Universitas*, Jg. 73, H. 4 (2018). Im Grundgesetz ist dagegen nur von »Achtung« und »Schutz« der »Würde« (qua Freiheit) die Rede, die eine gegenseitige Verpflichtung der Bürger auch gegenüber der Staatsverfassung einschließt.

seiner Anspruchsrechte überhaupt garantieren kann; und sind es überhaupt besondere und kontingente Bedingungen, dann können die Rechte auch keine »unbedingten« sein. »Unbedingte« Rechtssetzung impliziert immer, daß sie der Gewährleistende rein als solcher kraft seiner selbst verbürgen kann: So ist, was jeder Mensch qua Mensch kraft seines Seins und ohne besondere Bedingungen und Voraussetzungen verbürgen kann, eben dies: den Anderen *nicht* zu töten, *nicht* zu berauben, *nicht* zu quälen, *nicht* zu vergewaltigen, *nicht* zu betrügen. Er wird also nur vorausgesetzt als ein Wesen, das jederzeit »Nein« zu all seinen Transgressionstendenzen sagen kann. Der Staat aber ist, anders als der Mensch, kein naturhaft von sich aus existierendes natürliches Subjekt, sondern die geschichtliche Schöpfung sich objektivierender gemeinschaftlicher Tätigkeit – ein institutionelles Subjekt. Was er als Staat vermag, ist immer abhängig von den geschichtlichen Bedingungen seiner Existenz, die aus der Handlungsdynamik seiner Einzelnen und ihres gemeinschaftlichen Rechtsbewußtseins hervorgehen. Er kann den Einzelnen nur verbürgen, was aus deren gemeinschaftlicher Leistung hervorgeht und dem allgemeinen Gerechtigkeitsempfinden nach zu geltenden Rechtsverhältnissen institutionalisiert wird.

Aber der von der Gemeinschaft dissoziierte Einzelne wird, von seinem Gemeinsinn politischer Verantwortung freigestellt, zu ihrem auch rechtlich autorisierten Gegenpol, der seine sakrale Unverletzlichkeit nun gegen jede auch nur gemutmaßte »Diskriminierung« zur Selbstinszenierung seiner Eitelkeit gebrauchen kann und nicht nur die mediale Öffentlichkeit, sondern auch die Gerichte mit seiner Geltungssucht zu überschwemmen droht. Der anthropologische Primitivismus der Moderne – sein ungeheures Defizit an geistiger Bildungskraft, das menschliche Selbst- und Weltverständnis auf die Stufe des Wirklichen zu heben – zieht noch seine letzten Konsequenzen: Der moderne Mensch definiert sich nicht mehr weltgewandt als Erkenntniswesen, sondern nur noch gefühlslabil als reine »Verletzlichkeit«; und gibt darin seine Ohnmacht zu erkennen, sich in seinem Weltverhalten zur Auseinandersetzung mit Widrigkeiten und Gegensätzen zu bilden. Nur als solcher wird er zum Gegenstand der »Sakralisierung« (Heiligung), die ihn vor jeder Verletzung schützen, also vor jeder Auseinandersetzung mit Andersheit, jeder Bildungsanstrengung bewahren soll. Die »Würde« des Menschen besteht nun nur noch in der Bildungsimmunität einer biomorphen Masse, die auf jede lebensweltliche Herausforderung durch gegenläufig Anderes mit Hysterisierung des öffentlichen Raumes reagiert, bis alle »Diversität« zur Gleichheit negationsloser Gleicher heruntergestuft und durch Diskriminierungsverbote abgesichert ist. »Diskriminierung« qua Verletzung des Selbstgefühls wird als negative Auszeichnung zur Begründung von Ansprüchen, also von Privilegierung: das Besondere kehrt zurück als Geltungsneurose derer, die sich als »Opfer« von Diskriminierungen inszenieren und ihre Verletzlichkeit zur Schau stellen. Damit wird die moralische Entrüstung zum Programm einer indefiniten Verletzungsindustrie, die allen möglichen Absonderlichkeiten und Pathologien einen sakral geschützten Rechtsstatus verleiht.

In der Bildungsgeschichte der Moderne ist der Menschenrechtsdiskurs längst zu einem selbstlaufenden und auch lukrativen Geschäft von hauptberuflichen Moralagenturen geworden, die sich dem Guten selbst widmen und an der ideellen Sphäre ihrer Vorstellungen auch ihre existentielle Selbstbefriedigung finden. Von aller ethischen Selbstbildung befreit, bedarf es dazu nunmehr nur des Gespürs für mediale Inszenierungen, die partikuläre Befindlichkeiten aufstacheln und zu einem Meinungsmob verdichten, der das »Böse an sich« verfolgt. Woran sich das Gute denn auch erschöpft. »Menschenrechtsaktivist« firmiert als neue Berufsbezeichnung: Was einst Sache des Klerus und seiner sonntäglichen Ermahnungspredigten war, wird zum Geschäftsmodell, aus dem Verlust ethischer Substanz geltungsneurotischen Profit zu schlagen, der sich durch medialen Öffentlichkeitsdruck zur normativen Maßgabe des Politischen aufschwingt.[26]

So gibt es neben den Betrogenen auch die großen Profiteure des Menschenrechtsdiskurses, die als »Opfer« vermeintlicher Diskriminierung ihre Privilegierung verfolgen und das Geschäft von zahlreichen

---

26 Vgl. Johannes Richardt (Hg.): Die sortierte Gesellschaft. Zur Kritik der Identitätspolitik. Frankfurt/Main 2018. Sandra Kostner (Hg.): Identitätslinke Läuterungsagenda. Stuttgart 2019.

NGOs, medialen Moralagenturen und Kanzleien zur Hysterisierung öffentlichen Lebens betreiben. Es bleibt bemerkenswert, daß gerade Demokratien das merkwürdige Konstrukt von NGOs erzeugen – als bedürften ausgerechnet sie solcher »regierungsunabhängiger« Organisationen, die sich von der politischen Macht ausdrücklich distanzieren, um vorzugeben, auf der Seite des Bürgers gegen den Staat zu stehen; aber nicht *den* Bürger, sondern ideologische Interessen vertreten, die meist durch staatliche Subventionen gefördert gewissermaßen als Undercover-Agenten der Staatsmacht agieren: binnengesellschaftlich als volkspädagogische Moralinstanzen, global, um in politischen Feindgebieten subversiv auf »regime change« hinzuarbeiten (Naher Osten, Ukraine, Rußland, China). Werden diese dann als »ausländische Agententätigkeit« verboten, dann gilt dies als Verletzung der Menschenrechte – und nicht als legitimes Abwehrrecht gegen ideologische Anstiftung zu Aufruhr.

VIII. DAS VERSCHWINDEN DER MENSCHENRECHTLICHEN PARADOXIE

Den elementaren Freiheitsrechten qua Abwehrrechten konnte kein größerer Schaden zugefügt werden als ihre Aufblähung zu den ganz andersartigen Anspruchsrechten, die den Gang in eine infantilisierte, aller freien Widerstandskräfte beraubten Versorgungs- und Therapiegesellschaft ebnet. Denn ihr Subjekt ist nun nicht mehr der in freier Eigenverantwortung selbstmächtige, sondern der bedürfnisabhängige, seiner »würdigen Existenz« selbst ohnmächtige Mensch, der sich der Staatsmacht überläßt. Genau dies aber ist mit der Reduktion des Menschen auf seinen rein biologischen Gattungsbegriff schon vorgezeichnet und verhindert, daß seine Sakralisierung zur Allmacht des Einzelnen gegen den Staat wird. Das genaue Gegenteil ist der Fall: Als Bedürfniswesen mit unveräußerlichen Anspruchsrechten gibt er sein freudiges Einverständnis zur Allmacht des Staates.

Wenn der Staat selbst die indefinite Dynamik von Anspruchsrechten nicht etwa nur widerwillig akzeptiert, sondern sie im Gegenteil geradezu herausfordert und fördert, dann weil mit ihr eine Erosion der Eigenverantwortung qua Selbstentmündigung der Bürger einhergeht, die als Machtübertragung an den Staat zum Zuge kommt: ihn also gerade als jene All- und Übermacht konstituiert, die durch die Abwehrrechte begrenzt werden soll – paradoxerweise von dieser selbst. Aber dieses Paradox wird nun dadurch zum Verschwinden gebracht, daß das autarke Freiheitsbewußtsein unter den Anspruchsrechten begraben wird: Das Bedürfniswesen verlangt nicht Abwehr staatlicher Übergriffe, sondern Zuwendung staatlicher Eingriffe. Es fürchtet nicht staatliche Übermacht, sondern das Versagen staatlicher Allmacht. Die Grenze, wo Eingriffe zu Übergriffen werden, verblaßt. Die Befreiung von aller Bedürftigkeit, die dem Staat obliegt, unterminiert das Freiheitsbewußtsein ethischer Selbstverantwortung und seiner Autarkie, sein Dasein aus selbsteigener Kraft zu bewältigen.

Die Unverletzlichkeit des Einzelnen stärkt nicht seine Machtposition gegen den Staat, sondern umgekehrt, indem sie vom Staat selbst in Anspruch genommen wird, die Übermacht des Staates gegen den Einzelnen: Um die Unverletzlichkeit des Einzelnen zu schützen, kann er auch alle Freiheitsrechte aufheben. Die Unverletzlichkeit wird zur Legitimation autokratischer Übergriffe; in ihrem Namen lassen sich nun alle Grundrechte einschränken oder ganz außer Kraft setzen. Das hat die Corona-Krise eindrucksvoll demonstriert: nicht nur, wie leicht sich gerade in allen westlichen Menschenrechtsdemokratien die Grundrechte aufheben ließen, bar aller politischen Rationalität und unbeanstandet von einer politisch botmäßigen Judikative – mit unabsehbaren Schäden für die Lebensbedingungen der Gemeinschaft –, sondern auch, wie schwach, wehrlos und unterwerfungsbereit die sakrosankten Einzelnen sind, die unter dem allmächtigen Schutzmantel staatlicher Fürsorge ihre eigenverantwortliche Freiheit verlernt und ihr Freiheitsbewußtsein abgegeben haben.[27] Die Selbstentwürdigung

27 Vgl. vom Vf. die Essay-Folge »Pathologie der Freiheit«, in: *COMPACT* (Sonderausgabe): Corona-Diktatur. Wie unsere Freiheit stirbt (März 2021), S. 31–62.

des Einzelnen, sich Maßnahmen und Regeln zu unterwerfen, die jeder Vernunft und selbsteigenen Einsicht widersprechen, ist dabei nur die äußerste Konsequenz seiner entwürdigenden Reduktion auf einen biologischen Artbegriff, die sich in der sozialen Entwürdigung zum staatsabhängigen Bedürfniswesen fortsetzt: Die rundum versorgte, alimentierte und betreute Existenz raubt dem Menschen die Würde, sich aus selbsteigener Freiheitsmacht in seinem Dasein zu verwirklichen und sich in einer objektivierenden Tätigkeit sein Selbst(wert)bewußtsein zu erzeugen. Durch nichts wird die Bildungskraft menschlicher Arbeit mehr entwertet als durch ein bedingungsloses Grundeinkommen, das als Menschenrecht einem Staat abverlangt wird, der seine ganze Daseinsmacht doch nur aus der Arbeitsleistung der Einzelnen bezieht – und nicht der Druckerpresse. Resultat der sozialen Entwürdigung: Unwertgefühl, Selbstverachtung, Infantilisierung des Menschen zum abhängigen Subjekt. Habitualisierung der Unmündigkeit, therapeutische Entwürdigung, Ausgeburt von Verletzlichkeiten und des Unvermögens, sie aus eigener Kraft zu überwinden, Ohnmacht des Einzelnen, Verlust autarken Freiheitsbewußtseins und aller Widerstandskräfte – das ethische Subjekt, die Macht der Rechtsgemeinschaft im Zerfall.

Was im Menschenrechtsdiskurs einst als Grundlage von Freiheit und Demokratie intendiert war, kehrt sich um in ihre Selbstaufhebung, den äußeren und inneren Zerfall politischer Freiheit. Was schon Platon in seiner Dialektik der Staatsverfassungen als den Zerfall der Demokratie in Anarchie diagnostizierte, aus der nur der Umschlag in die Tyrannis befreit. Und befinden sich die westlichen Demokratien nicht in eben diesem Zustand – einem Gemisch aus Anarchie und Tyrannis?

Die geschichtliche Wirklichkeit wird den Menschenrechtsdiskurs durch ihn selber auflösen: sei es, daß ihre Subjekte – die westlichen Gesellschaften – sich zur Notwehr gegen seine realgeschichtlichen Konsequenzen aufraffen oder daß sie an ihnen zugrunde gehen und durch weltgeschichtlich andere politische Handlungssubjekte ersetzt werden. Das Politische bleibt das Feld menschlicher Übermächtigungen, denen auch jedes Moralprinzip weichen muß, sobald es seine Mächtigkeit erschöpft hat: »Dadurch, daß ein Volk nicht mehr die Kraft oder den Willen hat, sich in der Sphäre des Politischen zu halten, verschwindet nicht das Politische aus der Welt. Es verschwindet nur ein schwaches Volk.«[28]

---

28 Schmitt, a.a.O., S. 54.

EINBLICKE IN DIE MENTALE WELT DER MENSCHENRECHTE

I. »WÜRDE« – PRÜFUNGEN UND KLÄRUNGEN EINES BEGRIFFS

Läßt man sich auf die Begründung der Menschenrechte aus der Würde als angeblich »angeborener« Wesenseigenschaft des Menschen ein, so findet man sich alsbald in Aporien ethisch-politischen Denkens verstrickt, die alle menschliche Selbstachtung aufheben. Dies läßt sich in verschiedenen Abwandlungen einmal durchspielen, um die trübe Rechtsquelle, aus der sich der Menschenrechtsdiskurs speist, mit seinen universellen und unbedingten Moralansprüchen kollidieren zu lassen.

Prüfungen

Erste Prüfung

Liegt in der Rede von der »angeborenen Würde« schon die ganze naturalistische Verdinglichung menschlichen Wesens, dann ist es in ihrer Perspektive nur konsequent, den Menschen einmal im Verständnishorizont der naturwissenschaftlichen Kosmologie und Evolutionstheorie daraufhin zu untersuchen, ob da eine »Würde« sei. Um umgehend festzustellen: »Da ist keine!« Im naturwissenschaftlichen Selbst- und Weltverständnis der Moderne verdinglicht sich der Mensch zu einem physikalischen Objekt, dem jede ihn auszeichnende »Würde« abzusprechen ist. Aber diese Negation der »Würde« liegt schon in der naturwissenschaftlichen Verdinglichung des Menschen, die ihn – um seine Auszeichnung als Erkenntniswesen beraubt – der Verachtung preisgibt. Denn als Erkenntnissubjekt der Naturwissenschaften kommt er in diesen selbst nicht vor; und so ist seine Entwürdigung als Erkenntniswesen schon die Grundlage seines naturwissenschaftlich erzeugten Selbstverständnisses, das sich im Absprechen der Würde nur noch einmal explizit hervorkehrt und tautologisch selbst bestätigt. Was aber bleibt dann von der »Würde«, um den Menschenrechtsdiskurs zu begründen? Der Rückgriff auf den psychologischen Subjektivismus, der als reine Betulichkeit und Wehleidigkeit menschlicher Verletzlichkeit zur unumgänglichen Illusion erklärt wird, um sich das Menschsein erträglich zu machen.[29]

Aber liegt nicht in der modernen, naturwissenschaftlich propagierten Selbstverachtung des Menschen gerade auch seine Würde als Erkenntniswesen, das sich selbst erniedrigen und in der Wahrheit seines Seins verkennen kann? Könnte der Mensch sich überhaupt verachten, wenn nicht doch noch ein Funke transzendierender Selbstachtung in ihm glühte? »Würde« ist kein naturalistisches Prädikat, sondern ein ethischer Begriff, der sich im ontologischen Wesensbegriff des Menschen als Erkenntniswesen, das zu allem nein sagen kann, begründet.

---

29 Wie im postmodernen Intellektuellen-Diskurs z.B. Franz Josef Wetz, *Illusion Menschenwürde. Aufstieg und Fall eines Grundwerts* (Stuttgart 2005); Hans Jörg Sandkühler, *Menschenwürde und Menschenrechte* (a.a.O.). Da folglich die »Würde« nicht in einem positiven Begriff gefaßt und der Begründung der Menschenrechte zugrunde gelegt werden könne, bliebe nur, ihre Negation: die »Verletzung der Würde« der jeweiligen Beurteilung anheim zu stellen: Sie wird zur Sache der subjektiven Willkür erklärt und ggf. dem hermeneutischen Monopol der gerade amtierenden Richter unterstellt (vgl. Wetz, S. 217 ff., 318 ff., dasselbe, abgeschrieben, bei Sandkühler). Der Diskurs endet im moralistischen Gefühlskitsch der Beschwörung der »Verletzlichkeit« und »Hinfälligkeit« des Menschen – aber ist es nicht der Mensch selbst, der die Würde anderer verletzt, und zwar gerade, insofern er als politisches Subjekt handelt? Aber anstatt hier die Analyse anzusetzen, überschlägt sich die diskursive Ratlosigkeit in den Sophismus, die Negation von etwas könne das Fehlen des positiven Begriffs von etwas ersetzen. Nur: Eine Verletzung der Würde läßt sich nicht bestimmen ohne einen positiven Begriff der Würde zugrunde zu legen, auch wenn man seiner Explikation unfähig ist – wie Wetz und Sandkühler.

Zweite Prüfung
»Die Würde des Menschen ist unantastbar.« Ein einfacher Satz, in kategorischer Allgemeinheit gesagt. Aber das Besondere, das alle Wirklichkeit ausmacht, ist der Feind des Allgemeinen: »Die Würde von Adolf Hitler ist unantastbar.« Ein Zögern, ein Stocken – ein Fragezeichen. Nur: Rein logisch ist die Subsumtion korrekt.

Aber das läßt sich auch ohne drastische Beispiele schon durch jede beliebige Konkretisierung zeigen: »Die Würde von Hans Meier, Waltraud Müller (N.N.) ist unantastbar.« Da erhebt sich sofort die Frage: Aber wer und was sind die, und aufgrund wovon soll deren Würde denn unantastbar sein? Das allgemeine Menschsein ist nicht der Ort der Würde: Es reicht nicht hin, die »Würde« des wirklichen, konkreten und einzelnen Menschen zu begründen, sondern dies muß er selbst durch sein eigenes Tun und Verhalten leisten.

Zwei Begriffe von Würde: *Erstens* der moraltheologische Begriff der »Würde«: Würde als schlechthinnige, universelle und unbedingte »Eigenschaft« des Menschen, die unter keiner Bedingung steht und auch unter keiner Bedingung aufzuheben ist – ein »absolutum« der Achtung als sakraler Scheu vor einem Unangreifbaren. Die Unveräußerlichkeit der Würde und aller Menschenrechte. »Würde« von daher als Passivum, das menschlichen Objekten zugesprochen wird. Aber wird der Mensch nicht schon dadurch »entwürdigt«, daß man ihm wie einem Ding ein Prädikat um den Hals hängt, zu dem er sich nicht frei tätig – und deshalb möglicherweise auch negierend – verhalten kann? »Würde« als Mißachtung der Freiheit?

Zweitens der ethische Begriff der »Würde«: Würde als prinzipielle Achtung vor dem Menschsein, die ihm als Vertrauensvorschuß auf seine ethische Selbstbildung durch Erkenntnis gegeben wird, sich als Gemeinschaftswesen zu verhalten, aber eben unter dieser Bedingung steht und durch deren Verletzung auch aufgehoben werden kann. Also weder »unbedingt« noch »universell« gilt. »Würde« als Aktivum des Subjekts, als Eigenschaft, die es sich durch ethische Bildung allererst selbst geben und im Handeln bewähren muß, um sie zu haben – und die es sich auch nehmen, aufheben und vernichten kann. Der Mensch als Wesen, das sich entwürdigen und in seiner äußersten Konsequenz auch seiner Rechte als Mensch entäußern kann: Veräußerlichkeit der Menschenrechte.

In der Konsequenz des moraltheologischen Begriffs liegt die gänzliche Neutralisierung des Inhalts, den sich die ethische Selbstbildung des Menschen gibt, um das menschliche Leben nur als physische Substanz übrig zu behalten – eine seltsame Koinzidenz mit dem reinen Materialismus. Unverletzlich ist die physische Substanz »Mensch« dann auch als embryonales Leben bis hinunter zur befruchteten Eizelle (Abtreibungsverbot), verboten auch der Freitod und jedwede Sterbehilfe. Auch alles Strafrecht muß menschenrechtlich abgemildert und in letzter Instanz vielleicht sogar aufgehoben werden – Auflösung allen Rechts, Verlust der Selbstachtung der Gemeinschaft.

Konsequenz des ethischen Begriffs: sein Inhalt, das, worin denn die menschliche Würde besteht, muß bestimmt werden, kann aber als ethische Auszeichnung von Einzelnen nicht die Grundlage einer allgemeinen Gesetzgebung und Rechtsordnung abgeben: Er ist als ethischer Begriff rechtlich unbrauchbar und politisch irrelevant; und insofern sich jeder seine Würde durch seine ethische Selbstbildung selbst gibt, kann sie auch von keiner äußeren Macht verletzt oder aufgehoben werden. Sie liegt im Unzugänglichen menschlichen Selbstseins, seiner rein geistigen Verfassung und Selbstachtung.

Dritte Prüfung

Worin besteht die Würde des Menschen? Daß einer 69 Jugendliche wie Kaninchen auf einer Parkinsel abknallt, insgesamt 77 Menschen ermordet, mit 152 Verletzten – einfach so für nichts und wieder nichts? Oder sich an kleinen Kindern vergeht, sie in Verließe einsperrt, sexuell mißbraucht und vergewaltigt, dann zerstückelt auf dem Müll entsorgt? Oder einen Nahverkehrszug in die Luft sprengt und mit ihm Hunderte von Menschen, die mit ihm morgendlich zur Arbeit fahren? …

Wird er von der Rechtsgemeinschaft verurteilt, weil er die »Würde« anderer Menschen verletzt oder sich selbst »würdelos« verhalten hat? Steht er dann auch weiterhin unter dem Schutz menschenrechtlicher Würde, den ihm die Rechtsgemeinschaft gewähren muß? Oder wird er einfach nur verurteilt, weil er die Rechtsordnung der Gemeinschaft gebrochen und damit ihre Lebensbedingungen gefährdet hat? Von »Würde« oder »Würdelosigkeit« wäre dann gar keine Rede, sondern allein davon, daß er als freies Wesen zu all dem, was er getan hat, hätte »Nein!« sagen können – ja: müssen. Und da er es nicht getan hat – kann er dann noch einen Anspruch an die Rechtsgemeinschaft erheben, in seiner menschenrechtlichen Würde geachtet zu werden?

»Würde« ist kein Grund der Rechtssetzung und auch kein Kriterium der Rechtsprechung, sondern zwischenmenschlicher Achtungsverhältnisse. Ich achte den Anderen als freies Wesen nicht unabhängig von dem Gebrauch, den er von seiner Freiheit macht: Erst dies entscheidet über Achtung und Verachtung – auch meiner selbst. Einer ist »würdig« der Achtung oder der Verachtung allein aufgrund seines Verdienstes im Gebrauch der Freiheit. »Würde« gibt es nur im Gegensatz von Achtung und Verachtung. Nur dadurch ist Achtung auch wirkliche Achtung, daß sie anderes – das Entgegengesetzte – verachtet. Wo der Mensch nichts mehr achtet, kann er auch nichts mehr verachten, und wo er nichts mehr verachtet, achtet er auch nichts mehr. Wo alles gleich, ist nichts mehr wirklich noch ernst. Es ist belanglos.

Achtung und Verachtung sind nicht Gegenstand der Gesetzgebung, die Verletzung der »Würde« kein justiziabler Sachverhalt: Sie begründet kein Recht oder Unrecht. Sie ist Sache der Ethik – also der personalen Selbstbildung des Menschen in der Verwirklichung seiner Freiheit. Woraus sich die Frage ergibt, ob sich der Begriff der Würde überhaupt auf die Ebene des Politischen übertragen läßt.

Vierte Prüfung

Wo der Einzelne nicht nur als ethisches Subjekt *in* der Gemeinschaft handelt, sondern als politisches Subjekt und Inhaber der Gemeinschaftsmacht *über* das Schicksal gemeinschaftlichen Lebens bestimmt: Ist es da eine Frage der »Würde«, wenn er sie in den Untergang treibt – oder nicht eher eine des Mißbrauchs der Freiheit, die alle Rechtsverhältnisse und damit die Lebensbedingungen der Gemeinschaft auflöst? Fällt dieser Mißbrauch dann nicht aus allen festgesetzten Rechtsverhältnissen heraus – zurück an die ethische Wirklichkeit der geschichtlichen Gemeinschaft, die sich in diesen Rechtsverhältnissen objektiviert hat? Und nun, durch den politischen Mißbrauch der Freiheit, darum betrogen wurde?

Als die Italiener ihren Mussolini aufknüpften, die Rumänen die Ceauşescus erschossen, die Iraker Sadam Hussein vor laufenden Kameras dem Strick übergaben und die Libyer Gaddafi ermordeten – haben sie da deren »Würde« angetastet, ihre Menschenrechte verletzt und sich selbst »würdelos« verhalten? Oder haben sie nicht gerade dadurch ihre eigene »Würde« wiederhergestellt und gerettet – ihre Selbstachtung als Rechtsgemeinschaft?

Warum sollte die Menschheit nicht denen ihre ganze Verachtung ins Gesicht schleudern, die sich als ihre Verächter am Menschsein selbst vergehen? Sie also ihrer eigenen Schande preisgeben, um allen zu zeigen, was ein Mensch, der sich selbst in anderen achtet, davon zu halten hat? Nicht primär aus Rache, sondern aus Selbstachtung, dem Gefühl der eigenen »Würde«. Aber auch die Rache muß auf ihre Kosten kommen, soll der Mensch nicht an seinem verletzten Gerechtigkeitsgefühl zugrunde gehen und alle Achtung verlieren. Alles Strafrecht enthält auch das Moment der Vergeltung, also der Rache; fehlte dies, zerfiele auch die allgemeine Rechtsachtung. Sie aber ist kein politischer, sondern ein ethischer Sachverhalt, der im geschichtlichen Ethos der Gemeinschaft – ihrer Selbstachtung – begründet allen politischen Rechtsverhältnissen voraufgeht und schon zugrunde liegt. Also auch nicht mehr nach ihnen bewertet und ihrem Urteil unterworfen werden kann. Denn die ethische Bildung geschichtlicher Gemeinschaften liegt im Vorfeld aller Rechtsverhältnisse, in denen sie sich ihre objektive Gestalt und Geltung gibt.

Fünfte Prüfung

Wie aber läßt sich das überpositive Recht der ethischen Gemeinschaft mit ihrer Würde und Selbstachtung vereinbaren? Zwei Fälle:

Erstens: Adolf Hitler (N.N.) wird gefangen genommen und zu lebenslänglich verurteilt. Er hat nun ein Recht auf »menschenwürdige« Behandlung – muß gut versorgt werden, anständige Kleidung und Essen, auch Radio und Fernsehen, Sport und Freigang, Zugang zur Bibliothek, Internet, natürlich auch eine gute medizinische Versorgung und Pflege, ab und zu mal Geschlechtsverkehr, man darf ihn auch nicht beleidigen oder gar diskriminieren: und all das jahrzehntelang auf Kosten der menschlichen Gemeinschaft, deren Vernichtung er betrieb.

Zweitens: Adolf Hitler wird gefangen genommen und auf einem öffentlichen Platz der Bevölkerung übergeben, von der Menge gelyncht, gerädert und geteert unter allen verächtlichen Beschimpfungen, Verhöhnungen und Spottreden, bis er letztlich halbtot ans Kreuz geschlagen wird und dort langsam, unter unendlichen Qualen verröchelt. Der Rest wird verbrannt, auf den Müll geworfen und ohne jede Bestattung entsorgt.

Im ersten Fall, der Humanität und rechtsstaatlichen Achtung der Menschenrechte: Kann eine solche Gemeinschaft noch sich selbst achten? Ist das im Angesicht von Millionen von Toten nicht eine Verhöhnung allen Rechtsempfindens, die Aufhebung aller Selbstachtung – und damit eine neue, untilgbare Schuld, die zur Verachtung aller Rechtsverhältnisse führen muß? Zur Selbstverachtung des Menschen, der keine Grenzen mehr zu setzen vermag, ohnmächtig, dem Vergehen etwas entgegenzusetzen, weil er selbst für nichts mehr steht und jedes Maß verloren hat?

Im zweiten Fall, der Bestialität der Rache jenseits allen Rechts und aller Sittlichkeit: Wie soll sich der Mensch da noch achten, wenn er sich dermaßen vertiert, daß er sich genauso oder mitunter noch schlimmer verhält als sein Gegensatz? Verliert der Mensch hier nicht gerade dadurch seine Selbstachtung, daß er sie durch Angleichung an das, was Gegenstand seiner Verachtung, wiederzugewinnen sucht? Muß sich die Rache nicht selbst in Erkenntnisverhältnisse transzendieren, um nicht selbst der Verachtung zu verfallen?

Weder Humanität noch Bestialität können die Selbstachtung des Menschen retten, wo er die Aufhebung aller Achtung ahnden muß. Wo Vergehen gegen die menschliche Gemeinschaft so schwer wiegen, daß sie jede ethisch-moralische begründete Rechtsnorm aufheben, ist es aus Gründen der Selbstachtung geboten, den Tätern selbst jeden Rechtsanspruch gegenüber der menschlichen Gemeinschaft abzuerkennen: Die Aberkennung der Menschenrechte ist dann das einzige

Mittel, die Selbstachtung der Rechtsgemeinschaft zu wahren. Wie sollte auch der, der die Vernichtung der ethisch-rechtlichen Existenzgrundlagen der menschlichen Gemeinschaft betreibt, noch ein unter ihren Bedingungen geschütztes und von ihr anerkanntes Rechtssubjekt sein? Welchen Rechtsanspruch gegenüber der menschlichen Gemeinschaft soll ein Massenmörder (z. B. ein Breivik) auch noch stellen könne, ohne daß diese ihr Ethos und darin sich selbst als Rechtsgemeinschaft verleugnet, verächtlich und lächerlich macht?

Ausnahmezustand allen Rechts: Aberkennung der Menschenrechte, Verwirkung jeden Rechtsanspruches an die menschliche Gemeinschaft – sie mag ihm gewähren, was immer mit ihrer Selbstachtung verträglich ist. Was bleibt, ist das freie Belieben der Gemeinschaft, mit den Tätern nach ihrem Gutdünken umzugehen, ohne darin sich selbst zu bestialisieren und verächtlich zu werden. Meistens ist die Todesstrafe noch das Mildeste in diesen Fällen. Todesstrafe, Aberkennung des Rechts, da zu sein, und das heißt, in der mitmenschlichen Rechtsgemeinschaft zu existieren. Ihn dahin zurückschicken, wo er hergekommen. Religiösen Gemeinschaften war dies geläufig; erst religionsprivative, die das Leben als bloß physisches Subsistieren zum »absoluten Wert« erklären, schrecken aus eigener Todesangst davor zurück. Wie steht es dann mit ihrer ethischen Verfassung – hebt sie sich nicht in Selbstverachtung auf? Die Todesstrafe mag dem Menschen noch die Würde lassen, sie an sich selbst zu vollziehen (Freitod). So Sokrates oder Seneca. Selbst Göring hat man diese »letzte Würde« gelassen. Und Hitler hat sich »würdiger« verhalten als Mussolini, der sich in die Schweiz flüchten wollte.

Die Gefahr moderner Gesellschaften ist heute weniger die Entgleisung ins Bestialische als das Ausweichen ins Humanitäre. Es gehört zu ihrer ethischen Verfassung und gehorcht einer tiefgreifenden Tendenz, die Negativität des Menschseins zu verdrängen – aus Angst und Unvermögen, mit ihr umzugehen. Aber dies ist nicht nur ein Mißverständnis von »Humanität«, sondern ihre Selbstpreisgabe am Abgrund der Freiheit.

Die Aberkennung der Menschenrechte verübt keine Rache, vergilt nicht Gleiches mit Gleichem, wird nicht mit dem identisch, wogegen sie sich kehrt (dialektische Kontamination). Sie schließt lediglich jeden

Rechtsanspruch an sich aus und handelt nach dem ethischen Gesichtspunkt ihrer Selbstachtung: Sie bezeugt durch öffentliche Verachtung das Ethos der Gemeinschaft, ihre unverletzliche Selbstachtung. Ohne Selbstachtung keine Selbstbejahung, ohne Selbstbejahung keine existentielle Selbstentfaltung menschlichen Daseins. Eine Gemeinschaft, die ihre Selbstachtung verliert, hat auch den Grund ihrer geschichtlichen Existenz verwirkt.

Klärungen

Die Fundierung der Menschenrechte in der »Würde« ist keine nur zufällige kategoriale Verirrung, eine der ethischen Selbstbildung übereignete normative Sollensgröße zum ontologischen Wesensbestand des Menschen zu verkehren, sondern konstitutiv für seinen unbedingten und universellen Geltungsanspruch; und öffnet zugleich auch schon die Scheunentore für seine Erweiterung um beliebige Anspruchsrechte, die der gesellschaftliche Fortschritt einer »menschenwürdigen« Existenz zuschlägt. Die Würde wird zum Schwamm, der alles Beliebige aufsaugt, aus dem es sich dann wieder als »Menschenrecht« herauspressen läßt. Das Kernanliegen der Menschenrechte, die Dramatik politischer Gewalt zu begrenzen, wird inflationär so verwässert, daß es in der Unzahl von minderen oder gar nichtigen Vorfällen, die meist der kulturgeschichtlichen Autonomie nationaler Verfassungen unterstehen, um seinen ganzen Ernst gebracht wird. In der weit gestreuten »Verletzung der Würde« erscheint politische Gewalt mehr als ein psycho- oder ethnopathologischer Sanierungsfall, der durch moralische Appelle in Ordnung gebracht werden muß. Das erinnert an Schellings ironische Bemerkung, man könne wohl kaum gegen eine feindliche Armee den Begriff der Armee ins Feld führen.

Aber den Menschen ist keine »gleiche« oder »ungleiche«, sondern überhaupt keine »Würde« angeboren. Auch begründet »Würde« keine Rechte; was sie als Begriff ethischer Selbstbildung in den menschlichen Achtungsverhältnissen erzeugt, mag Ansehen, Wertschätzung, Autorität u.a.m. begründen, aber keine Rechtsverhältnisse. Der Menschenrechtsdiskurs, der sich mit großem moralischem Wumms und ebenso großer intellektueller Dürftigkeit inszeniert, vermag der geschichtlichen Wirklichkeit politischer Gewalt nichts mehr entgegenzusetzen. Ihm fehlt die Besinnungsebene begrifflichen Erkennens, die sich selbst auf den Grund zu gehen hätte.

***

Deshalb wird es nun unumgänglich, das ethische Phänomen der Würde, das seinem Begriff zugrunde liegt, näher in den Blick zu fassen. Es läßt sich recht einfach aus seinem Gegensatz orten: dem, was auch geschichtlich-transkulturell als »würdeloses Verhalten« gilt, zumal dieses einen weit umfangreicheren Phänomenbereich ausmacht als die um vieles seltenere Würde. Für »würdelos« gilt, wer sich anbiedert und zu Kreuze kriecht, seine innersten Überzeugungen verleugnet oder jedes Ehrgefühl verrät, in extremis, wer »viehisch« und »schamlos« dahinlebt und ganz von seinem unmittelbaren Lebensverlangen eingenommen nur im Handeln aus Begierde und Furcht aufgeht. Unzählig sind seine Gestalten – der Schmeichler und Heuchler, der rückgratlose Unterwürfling und windige Opportunist, der feige, charakterlose und niederträchtige »Hündische«. Was dem Würdelosen fehlt, ist jede Selbstachtung einer geistigen Identität, sei es, daß sie nicht ausgebildet wurde oder daß sie aus Begierde oder Furcht preisgegeben wird. Der Würdelose ist der Mensch der niederen Gesinnung – es fehlt ihm das spezifisch Menschliche, seine ethische Selbstbildung zu geistigen Persönlichkeit, die sich vor etwas zurücknimmt, das um seiner selbst willen geachtet wird und sein Selbstsein jenseits seiner affektiven Lebensregungen verankert. Daher seine Verachtung – in allen noch so verschiedenen Kulturen gibt es das verachtungswürdige, niedere Menschsein, das ohne Halt geistig-charakterlich gefestigten Selbstseins für nichts steht.

Archaische Würde: der Indianer am Marterpfahl. Das eigene empfindsame Ich besiegen: darin Stolz, Ehre und Würde, Selbstachtung aus der Erhebung über die Affektivität unmittelbaren Lebensverlangens. Alle Schmähung, Verletzung und versuchte Erniedrigung wie ein Nichts behandeln, das einen nichts angeht, das einen nie brechen kann und abprallt wie der Speer am Granit höheren Selbstseins.

Postmoderne Würdelosigkeit: vor jedem »shitstorm« einknicken und alle Sachrationalität einem moralischen Diffamierungsmob zu Füßen legen. Entschuldigung! Entwürdigende Kniefälle religiöser, wissenschaftlicher und politischer Institutionen vor dem »Zeitgeist« und anderen Ungeheuern.

Würdelos: Fehl, Mangel oder Selbstverleugnung eines eigenen Wahrheitsbewußtseins, Schwäche des Selbstseins.

***

Was als Phänomen der Würde durchgehend im Blick steht, ist die Negationskraft einer geistigen Identität, die unter der Bedingung ihrer Selbstachtung alle entgegengesetzten Nötigungen abwehrt und von sich ausschließt. Die Würde, so Schiller, zeige sich vor allem im Widerstande gegen den Naturtrieb als »Ausdruck einer erhabenen Gesinnung«, die gerade in Schmerz und Leiden, der Bedrohung durch Krankheit und Tod als Ruhe und Gelassenheit hervortrete und sich auch in allen Schicksalsschlägen nicht vom Unglück oder erfahrenem Unrecht affektiv überwältigen ließe.[30] »Würdig« erträgt seine Leiden der Dulder Odysseus, »würdig« begeht den Tod Sokrates; »würdelos« ist das Gekreische und Gejammer um das unumgängliche Geschick des Daseins, »würdelos« das Leben um jeden Preis, »würdelos« der Sklave, der sein nacktes Leben dem Tod vorzieht – und dafür sein ganzes Selbstsein einem Anderen übereignet. Deshalb gehört zu allen großen Kulturen die Verachtung des Todes: Das »Kleben am Leben« als rein physisches Subsistieren gilt als verächtlich, der Freiheit qua Würde des Menschen unwürdig. »Machen sie doch mit mir, was sie wollen – aber las-

30 Vgl. Friedrich Schiller: »Über Anmut und Würde«, in: Sämtliche Werke, Bd. V. München 1980, S. 433 ff., zur Würde genauer 470 ff. Schillers Ausführungen bleiben treffend, auch wenn man ihren kantischen Bezugshorizont nicht teilt. Die »erhabene Gesinnung« ist immer Ausdruck des Freiheitsbewußtseins gegen alle äußeren (physischen oder geschichtlichen) Mächte und transzendiert damit (anders als bei Kant) auch alle moralischen Wertungen (wie Karl Moor oder Wilhelm Tell). Erhaben ist auch nicht erst das Leiden Prometheus, sondern dem zuvor schon seine Revolte gegen die göttliche Ordnung (vgl. ebenda, S. 502, und Goethes »Prometheus«-Gedicht).

sen sie mich am Leben!«: Abzeichen eines Menschseins, das sich aller »Würde« entledigt und sich selbst preisgegeben hat. Wo das Leben als nur noch biologische Subsistenz zum unbedingten Wert wird, hat es keinen mehr: Es entmenschlicht sich zum würdelosen Dahinvegetieren, zu Verrat und Verleugnung menschlichen Selbstseins.

»Würde« bewährt sich in der Unverbrüchlichkeit und Standhaftigkeit charakterlicher Bildung als geistige Überlegenheit der Freiheit angesichts der Negativität des Seins, nicht durch deren technische Bemeisterung und Ausschaltung. Sie ist eine vortechnologische Tugend der geistigen Identitätsbildung, die als Selbstachtung allen Bedrohungen und Verführungen des Lebens entgegensteht, indem sie etwas höher achtet als das ichbildende Leben: »Das Leben ist der Güter höchstes nicht« (Schiller). Darin – der Transzendenz von Leben und Tod – liegt ihr Freiheitsbewußtsein, ihre »erhabene Gesinnung«, die, wenn überhaupt, nicht in jedem Menschen gleichermaßen ausgebildet ist. Auch Iphigenie wächst erst dort in ihre Würde hinauf, wo sie ihren Opfertod in Freiheit übernimmt – und manchen Frontsoldaten mag es ähnlich ergangen sein.[31]

Deshalb hat die Würde als Freiheit im Unabwendbaren ihren Ort ebenso sehr im Verhalten, das sich nicht alles bieten und gefallen, sich nicht von dem ihm Widrigen vereinnahmen und instrumentalisieren läßt, das sich zur Wehr setzt, wo es um die Bewahrung der unverbrüchlichen Selbstachtung geht. Dies ist die heroische Seite der Würde, die Würde des Widerstandes, die politisch in Rebellion, Revolte und Revolution aufgeht.

In der Würde bewahrt sich ein Rest antiker Tüchtigkeit gegen die christliche Kultur der Demut, Schuld und Reue: der Selbsterniedrigung und Selbstverachtung als Katalysator ausschließlich moraltheologischer Bewürdigung.

***

»Würde« ist kein passiver Bestand, den man als festen Besitz innehat, sondern eine ethische Leistung geistig befreiender Tätigkeit, die alle

---

31 Vgl. Euripides: Iphigenie in Aulis, V. 1366 ff.

Gegenkräfte äußeren Zwangs, sei es nun der Naturkräfte oder der geschichtlichen Mächte, überwindet; und je größer und gewaltiger diese Gegenkräfte sind, desto größer auch die Leistung in der Ausbildung menschlichen Freiheitsbewußtseins und seiner unverbrüchlichen Selbstachtung. Aber diese hat selbst keinen »moralischen« Gehalt, sondern kommt dem, der gegen die gesellschaftlich geltende Moral handelt – im Grenzfall: dem Straftäter, Verbrecher, Terroristen und Unmenschen –, in demselben Maße zu. Er steht zu sich und dem, was sein lebendiges Selbstsein ausmacht: Luther fällt nicht Papst und Kaiser zu Füßen, Don Giovanni bereut nichts, der König beugt sein Haupt mit einem »Vive le Roi«! der Guillotine – und auch der politische Massenmörder fleht nicht um Gnade: Er geht seinen Gang in »Würde«. Ob Mystiker oder Revolutionär, Heiliger oder Verbrecher, Philosoph oder Narr – Würde bleibt eine außermoralische Widerstandskraft gegen jede äußere Übermächtigung.

»Würde« als Selbstgefühl der Freiheit gründet in der Achtung, die der Mensch sich selbst zollt und als Grundhaltung seines Seins in allem Verhalten einnimmt; die er deshalb auch von anderen einfordern und beanspruchen kann. Dieser Anspruch endet dort, wo er sich durch sein Handeln selbst entwürdigt und der allgemeinen menschlichen Verachtung preisgibt. Deshalb gehört zur Würde auch die Scham – eine die Selbstachtung entblößende Offenbarung: Bezeugung seiner selbst als Verachtungswürdiges, Abbruch an bejahendem Selbstgefühl. Weil der Mensch sich als etwas achtet, vor dem er sein unmittelbares Lebensverlangen ganz zurücknimmt. Damit aber wird eine Position außerhalb seiner bezogen – die der Transzendenz von Leben und Tod.

Nur was Leben und Tod transzendiert, kann »Würde« haben, sich geben oder vergeben.

Unbedingtheit der Freiheit über den Tod hinaus – Selbsttranszendenz menschlichen Daseins.

Würde: Selbstgefühl der Freiheit, alles – auch sich selbst – lassen zu können.

Würde: die zur Haltung geronnene Metaphysik des Daseins.

***

Weiter als bis zu dieser Grenze menschlichen Selbst- und Weltverständnisses müssen wir die Würde hier nicht verfolgen, um ihre Verirrung im Menschenrechtsdiskurs zu analysieren. Warum werden die Menschenrechte – anstatt in der Würde – nicht in dem einzigen Begriff, der sie wirklich begründen kann – dem Begriff menschlicher Freiheit –, fundiert? Weil die Freiheit eine alles transzendierende Negation impliziert, damit aber die unbedingte und universelle Geltung von Menschenrechten ausschließt. Diese soll nun der Fehlgriff »Würde« leisten, muß dazu aber aus seiner ethischen Dimension herausgenommen zur physischen Tatsache erklärt werden. Im ethischen Begriff der Würde synthetisieren sich elementare Tüchtigkeiten einstigen Menschseins, wie Mut, Tapferkeit, Standfestigkeit, Seelengröße usw., die der technologischen Welt der Moderne verzichtbar erscheinen, weil sie die Auseinandersetzung mit der Negativität des Seins ganz auf die technische Beseitigung alles Negativen angelegt hat. Wozu da noch ethische Selbstbildung, zumal alle Referenten fehlen und im naturwissenschaftlichen Selbstverständnis der Verachtung preisgegeben werden? Von der einstigen Würde bleibt nur die Eitelkeit eines biologischen Substrats, das sich vor jeder Verletzung schützen möchte – und dazu seine Freiheit an die suprastaatliche Schutzmacht der »Menschenrechte« veräußert, die alle ethische Bildung überflüssig macht.

Wo sich der Mensch die »Würde« geistiger Selbstachtung gibt, entwickelt er Widerstandskräfte – auch politische, die sein autonomes Freiheitsbewußtsein konstituieren und in der Auseinandersetzung mit Gegensätzen stark machen. Fehlt diese Bildung, wird er schwach und wehrlos; die Selbstmacht seines eigenverantwortlichen Freiheitsbewußtseins erodiert, er wird abhängig von äußeren Institutionen, die ihn hüten und beschützen sollen; und wo seine Eitelkeit verletzt wird, ruft er Amnesty International an oder tritt einen »shitstorm« los. Verlust ethischer Bildung und ihres Freiheitsbewußtseins stärkt genau die Übermacht des Staates, vor der die Menschenrechte schützen sollen.

Das Freiheitsverständnis der technologischen Welt steht gegen die Ausbildung ethischen Freiheitsbewußtseins; weshalb sie auch mit dem Begriff der Würde nichts mehr anfangen kann und ihn zur Eitelkeit einer sakralisierten biologischen Substanz verballhornen muß. Damit kehren wir wieder zurück zum Anfang – der aus den modernen Naturwissenschaften generierten (schlechten) Metaphysik menschlichen Selbst- und Weltverständnisses, die ihn zum verdinglichten, aller Selbstachtung beraubten Objekt herabstuft. Es ist diese ethische Verfassung moderner, technologischer Gesellschaften, die im Menschenrechtsdiskurs ihre politisch-institutionelle Verrechtlichung vollzieht und durch einen Würdebegriff begründet, der seinen ethischen Gehalt aufhebt. Nur noch als äußerlich verwässerte Universalgarantie »menschenwürdigen Daseins« wird er zur rechtsbegründenden Instanz. Daran scheitert der Menschenrechtsdiskurs: Er bleibt ohne ethische Fundierung in der geschichtlichen Wirklichkeit der Menschen.

II. ETHIK UND POLITIK DER MENSCHENRECHTE

Die Konzeption der Menschenrechte bestimmt sich, rein formallogisch betrachtet, durch zwei Denkoperationen:

Erstens verankert sie sich in Begriffen höchster Allgemeinheit – für den Einzelnen im Begriff »Mensch überhaupt«, für die Gemeinschaft in dem der »Menschheit« – und begründet daraus ihren universellen und unbedingten Geltungsanspruch. Aber genau mit dieser höchsten Abstraktion wird die Realitätsebene konkreten, immer geschichtlich und kulturell bestimmten Menschseins verlassen und ausgeblendet: Der Menschenrechtsdiskurs riskiert, an der menschlichen Wirklichkeit vorbei ins Leere zu gehen und realgeschichtlich ineffizient zu bleiben.

Zweitens verfestigt sie sich in der abstrakten Entgegensetzung von Einzelnem und Gemeinschaft (Staat) und verlagert das ganze Schwergewicht des politischen Diskurses auf die Rechte des Einzelnen (Abwehr- und Anspruchsrechte), die zu gewährleisten die Pflicht des Staates definiert. Von Rechten des Staates und Pflichten des Einzelnen ist dagegen nicht die Rede; beide, Einzelner und Staat, bleiben Abstrakta gegeneinander, und es ist der in seiner »Unverletzlichkeit« sakralisierte Einzelne, dem das ganze Staatswesen unterworfen sein soll, wenn nötig bis zu dessen Untergang. Dann aber ist es auch mit ihm und seinen unverletzlichen Rechten vorbei.

Gehen wir aus von letzterem: Läßt sich der Staat – in seiner Normalform die Institutionalisierung des Ethos geschichtlicher Gemeinschaften zu allgemeinen Rechtsverhältnissen – vom Einzelnen her konzipieren?

1. Die Umkehrung politischen Denkens

Für das über die Jahrtausende ausgebildete politische Denken bedeutet dies zumindest eine Umkehrung in toto: Es wird von den Füßen auf den Kopf gestellt. Denn seine Grundlage hatte es, in welcher Version auch immer, am Vorrang der Gemeinschaft gegenüber dem Einzelnen: Gegenstand der Politik ist nicht der Einzelne, sondern die Gemeinschaft als Gemeinschaft *von* Einzelnen, die im geschichtlichen Ethos der Gemeinschaft sozialisiert sind und das gemeinschaftliche Miteinanderseins tragen, gewährleisten und fördern, aber durch ihr Transgressionsverhalten – ihre Übergriffe auf andere – zugleich auch gefährden. Nicht der abstrakte Einzelne als »Mensch überhaupt«, sondern nur der kulturgeschichtlich in Rechtsverhältnissen vergemeinschaftete Einzelne ist *als ethisches Subjekt* Sache der Politik.

Nun besteht die entscheidende Leistung des Politischen überhaupt darin, der Gemeinschaft ein gegenständliches Bewußtsein ihrer Daseinsmächtigkeit zu erzeugen: Um diese geht es in aller Politik – sie ist immer reflexiv bezogen auf die Gemeinschaft, deren Politik sie ist, um sie in ihrer lebendigen Daseinsmacht zu fördern. Dazu gibt sich die ethische Verfassung der Gemeinschaft eine objektive Wirklichkeit an ihrer Rechtsordnung: Denn ohne Rechtsordnung würde sie am Transgressionsverhalten der Einzelnen zerfallen – keine Daseinsmacht ohne die Objektivierung sittlichen Rechtsempfindens zu einer allgemeinen (staatlichen) Rechtsordnung, die das Selbstbewußtsein der Gemeinschaft in allen Einzelnen fundiert. Aber durch diese Objektivierungsleistung zerfällt die Gemeinschaft selbst in die Machtdifferenz von Regierenden und Regierten: die Inhaber und Vertreter der Gemeinschaftsmacht und die Vielzahl der einzelnen ethischen Subjekte, aus deren Zusammenwirken der Staat als wesentlich ethisches Machtgebilde hervorgeht und ihre gemeinschaftliche Identität begründet. Er ist zwar anders als die Einzelnen kein natürliches, sondern ein institutionelles Subjekt, das durch Personen (natürliche Subjekte) geführt wird; darum aber kein abstraktes Neutrum, das ihnen entgegengesetzt und etwas für sich wäre, wie es der tendenziell negative Staatsbegriff des Menschenrechtsdiskurses unterstellt.

Beruht die Legitimität des Staates somit auf seiner gemeinschaftsstiftenden Funktion, den »Krieg aller gegen alle« (*bellum omnium contra omnes*) durch das Gewaltmonopol seiner Rechtsordnung zu beenden, die allein das gemeinschaftliche Leben von Menschen ermöglicht, dann liegt darin auch schon seine Finalität, die Daseinsmacht der Gemeinschaft: ihr »Heil« oder ihr »Wohl« – durch Rechtssetzungen zu gewährleisten, zu fördern und fortzuentwickeln; nicht aber, es selbst zu produzieren – denn dies ist allein Sache der Gemeinschaftsleistung der Einzelnen selbst. Kriterium aller Rechtssetzung ist deshalb immer das Gemeinwohl als äußere Mächtigkeit der Lebensverhältnisse und nicht das Wohl des oder gar aller Einzelnen, das von ihnen selbst, und zwar wesentlich auch ihrer inneren ethischen Selbstbildung, abhängt. Politisch, bezogen auf die äußeren Daseinsverhältnisse, geht Gemeinschaftsrecht vor Individualrecht; denn es sind wesentlich die Einzelnen als natürliche Subjekte, die durch ihre gegenseitigen Übergriffe die Notwendigkeit einer institutionellen Rechtsordnung, genannt Staat, begründen: Alle Rechtssetzung erfolgt reaktiv auf ein Handeln und Verhalten, das die gemeinschaftliche Existenz mit Zerrüttung und Untergang bedroht. »Recht« ist, was kompatibel, »Unrecht«, was inkompatibel mit Fortbestand und Entwicklung der Gemeinschaftsmacht gilt. In welcher geschichtlichen Form auch immer, ob in frühzeitlichen Stammesgesellschaften, archaischen Hochkulturen oder modernen Staaten: Alle Verfassungen, Rechts- und Ordnungssetzungen, Verwaltungsregeln und Institutionen, die eine politische Gemeinschaft definieren, erzeugen sich als spiegelbildliche Umkehrungen menschlicher Negativität, um ihre Transgressionspotentiale zu bannen oder in produktive Kräfte umzuwandeln. Das erfahrungsgeschichtliche Bewußtsein menschlicher Negativität liegt allen institutionalisierten Rechtsverhältnissen als immer wieder zu bewältigende Gefährdung menschlich-kollektiver Existenz zugrunde; und es ist gerade der Einzelne als Inhaber politischer Gemeinschaftsmacht, der das Gemeinwesen besonders zu gefährden – aber vor seinen Gefährdungen auch zu retten – vermag.

Dieser Vorrang der Gemeinschaft vor dem Einzelnen hat seine tiefen Gründe in der menschlichen Existenz selbst, die ohne das über zahllose Generationen ausgebildete Wissen und Können der sprachlich-kulturell geeinten ethischen Gemeinschaft nicht lebensfähig wäre. Der für sich isolierte Einzelne wäre noch nicht einmal ein Kaspar Hauser; nur durch seine Gemeinschaftsbildung, die ihm die Negation seiner unmittelbar vitalen Transgressionstendenzen abverlangt, ist er zu seinem Menschsein ermächtigt. Der Einzelne weiß dies; er weiß die Gemeinschaft als Existenzgrundlage seines Seins und hat dieses Wissen als sein geschichtliches Tiefenbewußtsein sich unaufhörlich fortzeugenden Lebens, das ihn in seiner Vergänglichkeit übergreift, an sich selbst: Als das im Wechsel und Übergang der Generationen Sichdurchhaltende, Überdauernde, aus dem alle Einzelnen hervor- und in das sie auch wieder eingehen, aus dem sie ihre Lebensmächtigkeit schöpfen und die sie wiederum mit sich, ihren Leistungen, bereichern, repräsentiert die Gemeinschaft die Transzendenz unsterblichen, ewigen Lebens, die damit auch der religiösen Sakralisierung unterliegt. Geschichtlich gesehen sind politische Gemeinschaften auch immer religiöse, in einem sakralen Heilsbewußtsein fundierte, das sich desakralisiert dann in den Kollektivideologien der Moderne und ihren menschheitsgeschichtlichen Projekten wiederfindet.

Religionen kennen deshalb keine unveräußerlichen Menschenrechte: gegen wen auch, wenn alles, auch das staatliche Handeln, letztlich der Fügung oder der göttlichen Gerechtigkeit untersteht. Gegen Gott oder das Göttliche, das sich im gemeinschaftlichen Heil inkarniert, kann es kein unveräußerliches Recht des Menschen geben, sei er nun Herrscher oder Beherrschter. Dem religiösen Bewußtsein ist der Mensch als Mensch immer absolutes ethisches Subjekt: Er existiert nur als die absolute Selbstverantwortung seines Handelns und ist außerhalb dessen nichts. Der monotheistische Gott fordert schon im Fegefeuer gewaltsamen Tribut für alle Überschreitungen seiner

Gebote, ganz zu schweigen von den Höllenqualen ewiger Verdammnis, die das theologische Fundament christlicher Strafgerichtsbarkeit – nicht nur in den Hexenprozessen – bilden. Wer Lust hat, sich an den »Menschenrechtsverletzungen« Gottes zu ereifern, mag mit Dante einen Spaziergang durch »Inferno« und »Purgatorio« unternehmen oder sich von den Höllenvisionen eines Bosch oder Bruegel belehren lassen.

So entstehen »Menschenrechte« erst dort, wo sich der Gott aus dem allgemeinen Leben zurückgezogen hat und den Menschen als indifferentes Allgemeines, als »Mensch überhaupt«, stehen läßt: In der Wende zum neuzeitlichen Selbstverständnis autonomer, sich selbst bestimmender Subjektivität, entdeckt er seine Unverletzlichkeit zuerst an der Unveräußerlichkeit seines Gewissens, das er nun auch gegenüber den religiösen und politischen Institutionen in Anspruch nehmen muß. (Luther) Er verliert den institutionell vorgegebenen Verständnishorizont der Heilsgemeinschaft und wird, was sein ewiges Heil angeht, einsam auf sich selbst zurückgeworfen. Was übrig bleibt, wenn auch das gemeinschaftliche christliche Heilswissen verblaßt, ist das moderne, individualisierte Subjekt: Die Neuzeit entdeckt nicht das »Individuum«, als gäbe es da überhaupt etwas zu entdecken, was zuvor unbekannt, sondern erfährt die Freisetzung des Einzelnen aus der religiös begründeten Heilsgemeinschaft. Die moderne Individualität entsteht aus diesem Verlust als privative Erfahrung gemeinschaftlichen Heils, die aller modernen gesellschaftlichen Pluralität als ihr »Polytheismus der Werte« zugrunde liegt und sich durch totale Kollektivierung in einem geschichtsimmanenten Gemeinschaftsheil, wie Faschismus und Sozialismus, zu überwinden trachtet. Ins Feld dieser geschichtlichen Dynamik gehört nun auch der Menschenrechtsdiskurs, der sich durch supranationale Abstrakta wie »Menschheit« ein Kollektivbewußtsein als geschichtliche Heilsaufgabe vorgibt. Damit wird nun auch die kulturelle Gemeinschaft (Nation) in den negativen Staatsbegriff aufgenommen und negativ besetzt, mündet aber nicht in die anarchische Auflösung von Staatlichkeit überhaupt, sondern zielt auf ihre nationalstaatliche Überwindung zu einem Welteinheitsstaat als (pseudo-) sakraler Institution.

Die Logik dieses geschichtlichen Prozesses hat zweifellos eine bestechende mentalitätsgeschichtliche Kohärenz, die sich in die abstrakte Entgegensetzung von zwei Abstrakta auflöst: die Menschheit als institutionelles Subjekt eines Welteinheitsstaates und die Einzelnen, zu Menschen überhaupt neutralisierten natürlichen Subjekte, die mit eben dieser Menschheit identisch sind und deshalb an ihr als institutionellem Subjekt nichts anderes als die Garantie ihrer eigenen Unverletzlichkeit haben. In dieser Identität kehrt sich der traditionelle Vorrang der Gemeinschaft vor den Einzelnen um – sie verschwindet in den Einzelnen, die zu einem institutionellen Subjekt der Selbstfürsorge hypostasiert werden und alles staatliche Handeln der Unverletzlichkeit des Einzelnen und seinen Anspruchsrechten unterwerfen.

Wie illusorisch eine solche Gedankenkonstruktion auch realgeschichtlich sein mag: ihre zeitgeistige Gestimmtheit diffundiert ins politische Bewußtsein und transformiert das Rechtsverständnis zum Schaden der Allgemeinheit. Von Abwehrrechten der Rechtsgemeinschaft gegen die Transgressionen Einzelner kann dann keine Rede mehr sein. Hebt sich damit nicht das Prinzip des Politischen selbst auf?

2. Der menschenrechtliche Suizid der Politik

Dies ist längst keine nur hypothetische Frage mehr. Seit dem berühmt-berüchtigten Urteil von Renate Jäger am Europäischen Gerichtshof für Menschenrechte (EGMR) im Gäfgen-Prozeß ist sie zur Bedrohung geworden, die das Gesamtgefüge des Staates infrage stellt. Das Urteil nimmt für die Geltung individueller Rechte (Folterverbot) die Aufhebung der Rechtsgemeinschaft selbst in Kauf. Zur Erinnerung: Dem Kindesentführer Gäfgen wurde vom leitenden Kriminalkommissar »Folter« angedroht (nicht vollzogen!), um den Aufenthaltsort des Kindes herauszufinden und sein Leben zu retten. Gäfgen hatte das Kind aber schon ermordet. Vor dem EGMR bekam seine Klage gegen die Folter*androhung* (!) Recht. Die Urteilsbegründung der vorsitzenden Richterin Renate Jäger lautete: »Es darf auch dann nicht gefoltert werden, wenn der Bestand des Staates auf dem Spiel steht«, also die gesamte Rechtsordnung kollabiert.[32] Sie allein aber kann überhaupt nur »Menschenrechte« gewährleisten – ihr Kollaps ist Rückkehr in den Kampf aller gegen alle. Der Widersinn springt in die Augen – und widerspricht auch der AEMR (Art. 30), die jede Auslegung einer ihrer Bestimmungen verbietet, die zur Aufhebung der »Menschenrechte« in toto führen würde. Dies aber ist der Fall, wenn der Staat selbst – die Rechtsordnung der Gemeinschaft – zugrunde geht.

Was geschieht? Indem die menschenrechtliche Sakralisierung des Einzelnen zur moralideologischen Verabsolutierung von Einzelrechten führt, vernichtet sie die Rechtsgemeinschaft und reißt damit alle Einzelnen mit in ihren Abgrund. Die Sakralisierung des Einzelnen wird zum Suizid der Rechtsgemeinschaft, die alle ihre Abwehr- und Verteidigungsrechte an der Schwelle des Subjekts niederlegt: Was folgt, ist die Selbststrangulierung des Rechtsstaates durch eine moralideologische Justiz, die ihren Sinnhorizont mentalen Unbedingtheiten von Individuen opfert, die sich an ihrer Gutheit zugrunde vergewissern. So geht der Rechtsstaat an sich selbst zugrunde.

Dieses nur auf den ersten Blick paradoxe Resultat entspringt wesentlich der dialektischen Kontamination des Menschenrechtsdiskurses, der als Gegenreaktion auf die Gewalt totalitärer Diktaturen den Einzelnen zum moralischen Absolutum erklärt, damit aber das Totalitäre des Staates in der moralischen Unbedingtheit des Einzelnen reproduziert: ein geradezu klassischer Fall von Überkompensation. Die

---

32 Vgl. zur Sache Flaig, a.a.O., S. 306. Nach der Europäischen Menschenrechtskonvention (EMRK), Art. 3 gilt das Folterverbot unbedingt (»notstandsfest«), untersagt also Notwehrrechte, die Einschränkungen einzelner Menschenrechte zur allgemeinen Sicherheit der Rechtsgemeinschaft zulassen. Der Unsinn liegt also schon in der Rechtsetzung, nicht erst in der Rechtsprechung. Man buchstabiere das einmal an analogen Fällen der Bedrohung mit Massenvernichtungswaffen durch. Bedeutende Demokratien, wie USA und Israel, lehnen deshalb auch das Folterverbot ab. Auch namhafte Rechtswissenschaftler haben diese Form moralideologischer Justiz schon für die größte Gefahr für Rechtsstaat und der Demokratie erklärt (vgl. ebenda, S. 284 und das gesamte Kap. VII).

moralische Unbedingtheit nimmt nun dieselben Züge an wie das, wogegen sie gerichtet ist – und eben darin besteht die dialektische Kontamination, mit dem Gegensatz identisch zu werden.

Den mittelalterlichen Begriff der »Folter« sollte man rechts- und staatstheoretisch überhaupt nicht mehr verwenden; ist unter »Folter« (nach AEMR, Art. 5) die »grausame, unmenschliche oder erniedrigende Behandlung« zu verstehen, so werden damit nach wie vor sadomasochistische Praktiken individualpathologischer Gewalt unterstellt, die allem staatlichen Handeln per se inkommensurabel sind, sich aber als partikuläre Übergriffe durch Exekutivkräfte des Staates nicht ausschließen lassen. Diese aber sind Gegenstand der je nationalstaatlichen Rechtsordnung – und nicht des supranationalen Menschenrechts. Sprechen wir in dieser Hinsicht dagegen neutral von physischen und psychologischen Druckmaßnahmen, die der Rettung menschlichen Lebens und der dazu erforderlichen Informationsgewinnung dienen, so unterstehen sie dem Gewaltmonopol des Staates und seinen Schutzpflichten, die – wie auch finaler Rettungsschuß, Flugzeugabschuß und anderes mehr – ihre Legitimität aus dem »naturgegebenen Recht zur Selbstverteidigung« (UN-Charta, Art. 51) beziehen. Dieses durchbricht als Notwehrakt die bürgerlich geltende Rechtsordnung, um sie gegen ihre Gefährdung wiederherzustellen.

Denn die Rechtsgemeinschaft beruht wesentlich auf der Einheit ihrer ethischen Bildung, die ihren kulturgeschichtlich begrenzten Geltungsbereich definiert und dem Prinzip der Gegenseitigkeit (Reziprozität) von Rechten und Pflichten unterwirft. Solange der Andere sich zu mir rechtlich verhält, bin auch ich dazu verpflichtet. Wird er übergriffig und versucht, mich meines Eigentums oder Lebens zu berauben, endet diese Pflicht: Ich habe das Recht zur Notwehr, das ihn nun seinerseits das Leben kosten mag. Wo die Gegenseitigkeit aufgekündigt wird, wird auch die Rechtsgeltung aufgehoben. Was für das individuelle Recht auf Notwehr gilt, gilt auch für die Rechtsgemeinschaft selbst: Wer gegen ihre Rechtsordnung verstößt, scheidet aus ihrer Geltung aus. Er wird dem Strafrecht unterworfen, das, gewissermaßen als das Notwehrrecht der Gemeinschaft, seine ganze Legitimität aus der Verletzung des Prinzips der Reziprozität bezieht. Wer zum Straftäter wird, wird auch in seinen bürgerlichen Rechten nicht mehr geachtet: Das Strafgesetz mag ihn seines Eigentums, seiner Freiheit oder gar seines Lebens »berauben« – was nach den bürgerlichen Rechtsverhältnissen gerade untersagt ist. Damit stellt der Staat die Reziprozität wieder her: Er antwortet, wie ihm begegnet wurde, um die gestörte Rechtsordnung wiederherzustellen. Am Strafrecht wie an allen Abwehrrechten behauptet die Rechtsgemeinschaft ihr legitimes Recht auf Notwehr, das die Rechtsverletzung nach dem Prinzip der Gegenseitigkeit ahndet. Es untersteht dann nur jenen Bedingungen, die aus der ethischen Verfassung der Gemeinschaft und ihrer Selbstachtung hervorgehen.

Die menschenrechtliche Aushöhlung der Rechtsordnung durch den Unbedingtheitsanspruch der »unverletzlichen Würde« wird in seinen realgeschichtlichen Konsequenzen schon überall dort greifbar, wo das staatliche Handeln den Rechtsansprüchen von Einzelnen wehrlos gegenübersteht – eine Wehrlosigkeit, die gerade unter Migrationsbedingungen bis in den Schutz der Illegalität reicht und selbst die Verbrechensbekämpfung unter kulturellen Menschenrechtsvorgaben behindert, wenn nicht gar vereitelt.[33] Erst die menschenrechtliche Selbstinszenierung der EU erhebt die »Erpressung mit Migranten« (Türkei, Maghreb, Belarus) zur politischen Machtstrategie, die dem Westen seine eigene (moralische) Pistole an den Kopf setzt. Als Spielball von sakrosankten Einzelnen erodiert die staatliche Rechtsgemeinschaft, wo ihr alle Abwehrrechte durch moralideologische Selbstbeschränkungen entzogen sind. Auch die Strafjustiz, menschenrechtlich ausgehöhlt, verliert zunehmend ihre Legitimität – sie erscheint »unmoralisch«. Indem sie die Würde an die Stelle der Freiheit setzt, betreibt sie eine weitgehende Psychologisierung und Sozialisierung

33 Vgl. etwa Ralph Knispel, *Rechtstaat am Ende* (Berlin 2021), S. 165 f. zum Diskriminierungsvorbehalt der genetischen Herkunftsuntersuchung, 172 ff. zur Clankriminalität, 207 ff. zu Kirchenasyl und Menschenrechtsmoral als Erosionssymptome des Rechtsstaates. Obgleich es Knispel mehr mit den äußeren Subsistenzbedingungen der Justiz zu tun hat, sind es doch diese inneren Auflösungserscheinungen, denen sich die allgemeine politische Verheerung des Rechtsstaates verdankt. Zur politisierten Kriminologie Werner Sohn: Ausländerkriminalität, Rechtextremismus, Krawall. Lüdinghausen/Berlin 2019, und in *TUMULT* Winter 2019/20, S. 18 ff.

der Eigenverantwortung, die als verdinglichte Funktion sozialer, psychischer und ethnischer Kräfte aller schuldhaften Freiheit ledig bleibt und nur noch zum Gegenstand therapeutischer Resozialisierung taugt. Den Straftäter trifft nicht die »diskriminierende« Strafe, die sein eigenverantwortliches Freiheitsbewußtsein wecken könnte, sondern die mitleidige Fürsorge, die ihn wie einen entmündigten Kranken zu heilen vorgibt: Als »Opfer« der familiären, gesellschaftlichen und kulturellen Verhältnisse konnte er gar nicht anders, als die Rechtsordnung zu brechen. Der Zug zur Entschuldung, sei er psycho- oder soziopathologisch, gar ausgeweitet zur ethnopathologischen Fehlsozialisation in anderen Kulturen, denen »unsere« Werte nicht bekannt sind, verdinglicht das Freiheitsbewußtsein zur biophysisch, neurologisch, psychosozial oder ethnisch fundierten Ideologie der Verantwortungslosigkeit; und unterminiert nicht nur das Vertrauen in die staatliche Rechtsordnung, sondern vergeht sich auch an der Würde des Einzelnen, dem die Anerkennung als freies Wesen entzogen wird. In der Strafe achte ich den Anderen als Menschen – im Vollbesitz seiner Freiheit und Verantwortlichkeit. Pathologisiert zum verdinglichten Objekt therapeutischer Resozialisierungsmaßnahmen hat er diese Achtung verloren. Seine Pathologisierung ist seine Entwürdigung als Freiheitswesen, affektiven Überwältigungen mit einem »Nein!« entgegentreten zu können. Die subjektive Verantwortungslosigkeit wird zur Preisgabe der Rechtsgemeinschaft freier Wesen – sie löst sich auf in Transgressionsunfälle von Biomassen.

Auf ihre Abwehrrechte kann auch keine Demokratie verzichten. Umso weniger das moralische Gewissen des Einzelnen, das durch menschenrechtliche Unbedingtheitsgebote (Folterverbot) die Schuld am Tod Unschuldiger auf sich lädt – im Grenzfall ganzer Bevölkerungen. Die Unsinnigkeit moralideologischer Rechtsgebote kehrt sich damit um zur moralischen Widerstandspflicht des Einzelnen, die Rechtssatzung zu brechen: Es wird zum Gebot seiner Vernunft, die menschenrechtliche Sakralisierung des Einzelnen durch die Tat selbst aufzuheben.[34]

---

34 Seine rechtsphilosophische Formulierung hat dies schon im Prinzip der Judikative gefunden, die abstrakte Rechtssetzung dem ethischen Gemeinschaftsprinzip unterzuordnen: »Der Richter ist kraft seines Amtes verpflichtet, von einer gesetzlichen Vorschrift bewußt abzuweichen dann, wenn jene Vorschrift

Wo sich der Staat an Rechte bindet, die seine eigene Existenz gefährden, entzieht sich ihm die Grundlage aller Legitimität – der legitime Anspruch des Menschen, in einer Rechtsgemeinschaft zu leben.

3. Die Umkehrung diktatorischer Gewalt in Autoaggression

Mit der moralideologischen Unbedingtheit der unverletzlichen Würde des Einzelnen kassiert der Menschenrechtsdiskurs die legitimen Abwehrrechte der Rechtsgemeinschaft, die allein, auch mit Mitteln der Strafjustiz, diese »Würde« gewährleisten können. Er riskiert damit, daß die ihrer Wehrlosigkeit preisgegebene Rechtsgemeinschaft zum Spielball »unverletzlicher Einzelner« wird und ihrem Machttrieb zum Opfer fällt: Umkehrung der Rechtsgemeinschaft in den anarchischen oder diktatorischen »Unrechtsstaat«. Damit wird sein Kernanliegen, der diktatorischen Gewalt eine politische Rechtsordnung entgegenzusetzen, ins Gegenteil verkehrt. Die diktatorische Gewalt verschwindet ganz in der äußeren Körperverletzung qua Würdeverletzung; banalisiert und verharmlost, wird sie in ihrer geschichtlichen Dynamik und politischen Intention nicht mehr reflektiert. Von daher fehlt jede Ausdifferenzierung von »Folter« und legitimen Abwehrrechten, deren Amalgam zu einer ganz neuen, »autoaggressiven Wehrhaftigkeit« der Demokratie pervertiert.

Gehen wir noch einmal aus vom Begriff der Würde, um an ihr die diktatorische Gewalt der »Folter« differenzierter in den Blick zu bekommen: Gehört die Würde ganz der inneren, geistigen Selbstachtung des Menschen an, dann ist sie dem äußeren politischen Zugriff grundsätzlich entzogen. In diesem Sinne ist die »Würde« in der Tat physisch und äußerlich »unverletzlich« (unantastbar): Entwürdigen kann jeder

---

mit dem sittlichen Empfinden der Gemeinschaft dergestalt in Widerspruch steht, daß durch Eintretung derselben die Autorität von Recht und Gesetz erheblich ärger gefährdet sein würde als durch deren Außerkraftsetzung.« (Helmut Coing: Grundzüge der Rechtsphilosophie. 5. Aufl. Berlin/New York 1993, S. 233) Von all dem scheint die neuere Rechtsprechung keinerlei Notiz mehr zu nehmen: Sie verfällt dem verwaltungstechnischen Buchstabenglauben eines (metaphysisch-moralideologischen) Unbedingtheitswahns, der sich seiner politischen Verantwortung nicht mehr bewußt wird.

nur sich selbst – alle Verletzung der Würde beruht auf Selbstpreisgabe, geistig-innerlichem Selbstverrat, der in Selbstverachtung endet. Genau darauf aber geht die diktatorische Gewalt in ihren äußersten Schrekkensformen: Alle Grausamkeit, Folter und Tortur übt sich in der Kunst, nicht sterben zu lassen, den Weg zum Tod zu verbauen – um durch das Unmaß physisch-leiblicher Qual in das unzugängliche Selbstsein des Menschen einzubrechen und seine Selbstachtung zu brechen. Gebrochen, seines Selbstseins enteignet in namenloser Scham, bleibt nur die Selbstverachtung, die nun zu allem bereit ist – denn es gibt nichts mehr zu verlieren als das blanke, seiner selbst entwürdigte Leben, das überlebend nun zu allem taugt, was man ihm abverlangt.

Ob und inwiefern dies gelingt, und nicht durch Verstellung, Lüge und Betrug abgewehrt wird und einer nur äußerlichen Unterwerfung stattgibt, die an ihrem inneren »Nein!« festhält, läßt sich kaum beurteilen und gehört der inneren Selbstbezeugung an, auch wenn die ernötigte physische Erniedrigung alle Kennzeichen eines gänzlich entwürdigenden Verhaltens aufweist (wie in Abu Ghraib). Wer genötigt im Staube kriecht, mag dies der äußerlichen Gewalt als lächerlichen Tribut entrichten – aber nicht seine Selbstachtung verlieren. Wer auch noch die andere Backe hinhält, mag ihr seine innere Verachtung entgegenschleudern: denn auf all das kommt es nicht an. »Mein Fleisch, meinen leibenden Schmerz kann er haben: mich nicht!« – Festhalten am innersten Nein gegen die äußere Macht der Gewalt, die als Nichtiges nicht in mich einbricht, auch wenn sie über mein ganzes leibliches Leben verfügt. Giordano Bruno wird auf dem Scheiterhaufen verbrannt, Galilei, um dem zu entgehen, widerruft: Hat er sich durch seinen Widerruf entwürdigt? Oder den Gewalthabenden ihren verächtlichen Tribut gezahlt, da sie ohnehin nichts gegen die Wahrheit erkennenden Lebens vermag? Und es eine Dummheit wäre, sich überhaupt darauf einzulassen? Vieles davon wird immer offen bleiben, denn es gehört nicht der öffentlichen Welt an, die sich in ihren eigenen, äußerlich gewaltfreien Entwürdigungsriten existentieller, seelischer und professioneller Abhängigkeiten und ihren Nötigungen ergeht.

Aber damit und was es an psychopathologischen Grausamkeiten in der Weltgeschichte sonst noch so alles gibt, hat es der Menschenrechtsdiskurs nicht zu tun. Sein Kernanliegen ist eingegrenzt auf die Dimension politischer Gewalt in ihren spezifisch modernen Erscheinungsformen, die durch massenhaften Terror, Folter und Tortur die Not erzeugen, gegen die er aufsteht. Darin liegt sein ganzes Schwergewicht, seine ethisch-politische Notwendigkeit und Legitimität – und zugleich seine geschichtliche Ohnmacht.

Denn die politische Gewalt moderner Diktaturen ist selbst nur eine Erscheinungsform der grundlegenden geschichtlichen Revolution, die mit der Neuzeit als technologische Umwandlung menschlicher Lebensbedingungen aufbricht und den nun nicht mehr durch einen religiösen Bezugshorizont »festgestellten« Menschen zum Gegenstand seiner gattungsgeschichtlichen Selbstproduktion erhebt. Was der Mensch sein und als geschichtliche Aufgabe realisieren soll, wird in einem ideologischen Entwurf des Kollektivheils fundiert zur Sache der Politik, die in allen Gesellschaften den Machtkampf der einen gegen die anderen auslöst und ihre ethische Verfassung in die Gegensätze diktatorischer Regierungsgewalt und allgemeinem Rechtsempfinden zerreißt. Von Diktatur ist also sinnvoller Weise nur unter dieser Bedingung ethischen Zerwürfnisses die Rede; wo eine autoritäre Regierungsform von der ethischen Allgemeinheit getragen wird, ist sie auch nicht diktatorisch, sondern entspricht der demokratischen Mehrheit.[35]

Diktatorische Gewalt, wie sie dem Menschenrechtsdiskurs im Blick steht, geht also auf die ideologische Umschaffung des geschichtlichen Ethos zum »Neuen Menschen«, die mit Massenterror, Folter und Tortur, der Verhaftung und Verbannung in Lager die Vernichtung der Andersdenkenden und Andersseienden ins Werk setzt. Der in seine Lebens-

---

35 Worauf sich z.B. auch muslimische Staaten berufen können, eventuell sogar China (abgesehen von den tibetischen und uigurischen Verhältnissen). Es ist also nicht die politische Verfassung und Regierungsform, sondern allein das ethische Zerwürfnis von Regierenden und Allgemeinheit, was die Daseinsform der Diktatur – ihre Gewalt und Repression – begründet und sie damit definiert. Das Spezifische moderner Diktaturen liegt – im Unterschied zu beliebigen Gewaltherrschaften, in denen sich Einzelne und ihre Clans die Staatsmacht zur eigenen Bereicherung aneignen – im ideologischen Ausgriff auf das geschichtliche Kollektivheil.

angst gebannte Mensch soll um des geschichtlichen Menschheitsheils willen umerzogen, in seinem Menschsein ummodelliert werden; daher die Kraft und Macht der geschichtlichen Konvulsionen, die in der technologischen Revolution der Menschheit als ihre diktatorischen Gewaltexzesse ausbrechen. Nur in freiheitlich-demokratischen Verfassungen finden sie ihren einstweiligen Ruhepol, obgleich auch diese nicht auf mediale Massenpädagogik, soziale Diffamierung, Verfemung und Ausgrenzung verzichten können, an denen sich die ethische Verfassung der Gesellschaft von neuem, wenn auch vorerst auf halbwegs friedlichem Wohlstandsniveau, zerreißt. Aber das ideologische Projekt des »Neuen Menschen« wird nun dem Subjektivismus sprachlich-symbolischer Umdeutungen, medial-mentaler Umkonditionierung und der Technologie selbst überantwortet – seiner genetischen Modellierung und »transhumanen« Neuschaffung. Und ist es nicht gerade der Menschenrechtsdiskurs, der diesen »Neuen Menschen« als »Mensch überhaupt« und Abstraktum eines biologischen Gattungsbegriffs verkündet, all seiner ethischen, kulturellen und geschichtlichen Bildungswirklichkeit beraubt, und zum geschichtlichen Menschheitsideal erhebt?

Denn der Menschenrechtsdiskurs steht selbst inmitten der geschichtlichen Aporien, die mit der technologischen Revolution der Moderne und ihren politischen Konvulsionen aufbrechen, ohne seine geschichtlichen Bedingungen zu reflektieren. Was er mit seinen Gleichheitsgeboten und Diskriminierungsverboten als geschichtlichen Entwurf neuen Menschseins veranschlagt, postuliert die Selbstnegation geschichtlich ausgebildeter Identitäten, die aber nun nicht mehr physisch durch diktatorische Gewalt zu *brechen*, sondern durch mediale Massenkonditionierung mental zu *neutralisieren* sind. Die physische Gewalt wird ersetzt durch symbolische und entfaltet sich binnengesellschaftlich in »Tugendterror« und »Moralinquisition«, die das geschichtliche Selbstsein der ethischen Allgemeinheit durch Schuld- und Selbstbezichtigungsriten in seine Erniedrigung und Selbstentwürdigung treiben: Der zur Selbstzensur verinnerlichte psychische und soziale Terror wird zu Selbstpreisgabe und Selbstverrat kulturgeschichtlicher Identität, aus der das geläuterte »Neue Menschsein« als neutralisierte, überall gleiche Biomasse hervorgeht.

Damit aber schwindet auch der Gegensatz von Demokratie und Diktatur und entzieht dem Menschenrechtsdiskurs sein eigenes Selbstverständnis. In technologisch fortgeschrittenen Gesellschaften digitaler Cyber-Welten Künstlicher Intelligenz (KI) und ihrer medialen Massenmacht wird der Mensch selbst zum technologischen Kunstprodukt, der in all seinem Empfinden, Denken und Meinen medial durchkonditioniert (»programmiert«) ganz von selbst die sozialdynamischen Ausgrenzungsmechanismen symbolischer Gewalt ins Werk setzt, die alle äußeren politischen Eingriffe in den Hintergrund verdrängen und letztlich auch jede diktatorische Gewalt überflüssig machen. Die Folter als politisch motivierte physische Gewalt wird, wie die Diktatur überhaupt, zu einem Auslaufmodell. Denn die politische Identitätsbildung hat nicht mehr einen eigenen, ideologisch zu erzeugenden Inhalt, der auf die gewaltsame Übermächtigung Andersdenkender angewiesen wäre, sondern im Gegenteil, fordert nur den Verzicht, die Negation und Auslöschung kulturgeschichtlicher Identität: des ideologisch »falschen Bewußtseins«, um die Wahrheit des überall und immer gleichen Biowesens »Mensch überhaupt« freizusetzen. Die kulturgeschichtliche Identität wird zur Sache kollektiv erniedrigender Entwürdigungsriten, einer lebensweltlichen *Katharsis* von allem geschichtlichen Eigensein qua -dünkel, der durch mediale Konditionierung abtrainiert und dafür, gewissermaßen als Belohnung, mit einer Unzahl von Anspruchsrechten ausgestattet wird, die der neutralisierten Biomasse »Mensch überhaupt« das seichte Glück diskriminierungsfreien Wohlbefindens garantieren: was mit dem, was er für Freiheit hält, zusammenfällt.[36] Es ist die Welt der »anywheres«, die den kulturgeschichtlichen Grund ihrer Existenz aus ihrem Bewußtsein getilgt haben; und indem die Macht der Rechtsgemeinschaft übergeht an die mediale Macht internationaler Unternehmen, ihre Kapitalgesellschaften, Stif-

---

36 Aldous Huxley hat dies in seinem Vorwort von 1946 zu *Brave New World* noch einmal als politische Grundfrage technologischer Gesellschaften herausgestellt: die technologische Macht zersetzt das Freiheitsbewußtsein durch kollektives Glück und begründet dadurch die Liebe zu Knechtschaft und Unterwerfung: Die Unterscheidung von Demokratie und Diktatur hebt sich auf. Siehe die Technologisierung sozialer Kontrolle in China – Vorbild für den Westen?

tungen und Netzwerke, zerfällt das nationalstaatliche Selbstbewußtsein der Demokratien. Die Abwehrrechte des Staates pervertieren zur autoaggressiven Wehrhaftigkeit der Demokratie, die nun nur noch einem Gegner gilt – der Widerstandskraft kulturgeschichtlicher Identität, die als »rächts« verteufelt wird. Die diktatorische Gewalt, verinnerlicht und symbolisch transformiert, kehrt zurück als dialektisch kontaminierter Selbstzerstörungsprozeß demokratischer Gesellschaften, die sich gegen ihren eigenen Kulturgrund und damit ihre Lebensbedingung wenden. Was zuletzt bleibt, ist die Phantasmagorie eines durch KI durchregulierten menschenrechtlichen Welteinheitsstaates.

4. Die ethische Neutralisierung des Menschseins

Im mentalitätsgeschichtlichen Prozeß der Moderne diffundiert der Menschenrechtsdiskurs – weit ab von seiner ursprünglichen Intention – ins lebensweltliche Selbstverständnis der Menschen. Politisiert wird er zur metapolitischen Letztbegründungsinstanz des auch migrationspolitisch betriebenen Projekts eines kulturgeschichtlich neutralisierten »neuen Menschseins«, das nur der Negation seiner bildungsgeschichtlichen Identität bedürfe, um auf seinen wahren biologischen Gattungsbegriff reduziert das kollektive Heil aller Menschen zu garantieren. Wo der Mensch in seiner naturhaften Faktizität, all seinen Anlagen, Impulsen, Neigungen und Absonderlichkeiten für »unverletzlich« erklärt und dies als Rechtsanspruch gegen jedwede Form von »Diskriminierung« anerkannt wird, gibt es an ihm auch nichts zu bilden, durch Selbstüberwindung zu verwirklichen und zu verantworten. Er steht außerhalb aller ethischen Selbstbildung, die er sich selbst abzuverlangen hätte. Der rein biologische Gattungsbegriff »Mensch überhaupt« stellt ihn ins Jenseits aller kulturgeschichtlichen Zugehörigkeit und seiner autonomen Selbstbestimmung. Er führt damit zur Aufhebung aller Ethik und Moral, die ihm eine geistige Bildung seines unmittelbaren Daseins abverlangen könnte. Die Biologie ersetzt die Ethik und kassiert mit den geschichtlichen Bildungsinstitutionen auch die Freiheit, sich durch ethische Selbstbildung eine eigene geistig-kulturelle Wirklichkeit zu geben.

Dabei hat sich der neuzeitliche Freiheitsbegriff autonomer Selbstbestimmung längst in sein Gegenteil verkehrt: Denn ursprünglich bezeichnet er die Macht menschlichen Erkennens, seine naturhaften Triebe überwinden und zur Impulsivität seines Handelns jederzeit »Nein!« sagen zu können. Nur durch diese eigens auszubildende geistige Kraft transzendierenden Neinsagens ist »Selbstbestimmung« überhaupt ein Begriff menschlicher Freiheit. Aber in der modernen Version fällt er nun mit dem zusammen, wovon sich die Freiheit zu befreien hat, um *wirkliche* Freiheit zu sein. Er meint nun nichts anderes mehr als den ungehinderten Vollzug der Eigenmacht menschlichen Lebensverlangens, die als subjektive Beliebigkeit nur die physische und psychosoziale Determiniertheit des Subjekts bezeichnet. Von einer Bildung zur Freiheit ist nicht mehr die Rede: Sie ist naturgegeben der unmittelbare Lebensvollzug selbst. Damit beginnt die Ideologie der Verantwortungslosigkeit, die alle Schuld auf die Umstände abwälzt: Das ganze Freiheitsproblem bestehe nur darin, alle äußeren Hindernisse, Störungen und Zwänge, die samt und sonders dem Untier »Gesellschaft« angelastet werden, beiseite zu räumen. Im Menschenrechtsdiskurs steht dafür der Staat, der an der naturgegebenen Faktizität des Einzelnen den Altar sakraler Achtung aufrichten und ihn entsprechend versorgen soll.

Damit stehen wir vor dem Paradox, daß der in seiner Grundintention ethisch-moralisch gemeinte Menschenrechtsdiskurs den Menschen gerade nicht als ethisch-moralisches Subjekt sichtet, sondern als biologisch verdinglichtes Objekt, das sich nun auch selbst überall und offiziell durch seine biomorphen Merkmale, wie Geschlecht, sexuelle Orientierung, Abstammung, Hautfarbe, Rasse/Ethnie, Migrationshintergrund usw., definiert und daran sogar sein parlamentarisches Repräsentationsrecht einfordert.[37] Seine Sakrali-

37 Ein Widersinn, der just unter dem Schlagwort einer »gefährdeten Rationalität« gefordert wird, siehe Julian Nida-Rümelin, *Die gefährdete Rationalität der Demokratie* (Hamburg 2020). Aber die parlamentarische Repräsentanz ist keine der biomorphen (irrationalen) Eigenschaften der Bevölkerung (Geschlecht, Hautfarbe etc.), sondern der politischen Konzepte – und allein dies ihre »Rationalität«. Vgl. hierzu die erhellende Studie von Bernard Manin, *Kritik der repräsentativen Demokratie* (Berlin 2007).

sierung ist in Wahrheit seine desakralisierte Existenz als reine Biomasse, die in der unmittelbaren Wahrheit ihrer Empfindsamkeiten geachtet auch all ihre Pathologien zur diskriminierungsfreien Normalität geadelt wissen will. Der in seiner biophysischen Unmittelbarkeit sakralisierte Einzelne ist der immer und überall gleiche allgemeine Mensch: der an sich »Gleichwertige« an »Würde«, obgleich er als ethisch-moralisches Neutrum weder »Wert« noch »Würde« noch allgemeine, »unveräußerliche Rechte« in Anspruch nehmen kann. Dazu müßte er Subjekt sein; aber sobald er das ist, gibt er sich auch seine an Wert und Würde unterschiedene Wirklichkeit, die nicht für alle die gleiche ist. Erst die dem Einzelnen überantwortete ethische Selbstbildung innerhalb geschichtlicher Gemeinschaften qualifiziert ihn zum Rechtssubjekt. Davon aber sieht der abstrakte Allgemeinbegriff »Mensch überhaupt« gerade ab – und unterstellt ihm als ethisch Indifferenten nun doch genau das, wovon gerade abstrahiert wurde: die ethische Differenz absoluter »unveräußerlicher Rechte«. Das ist mehr als nur der logische Widersinn, das, wovon man abstrahiert hat, dem Abstrahierten nun doch wieder als Wesensmerkmal zuzusprechen; es ist ein praktisches Unding, das die Praxis politischen Handelns in Aporien und Selbstwidersprüche treibt, an denen es zugrunde gehen mag. Wer davon absieht, wie sich der Mensch als Subjekt ethischer Selbstbildung in der Gemeinschaft verhält, der kann auch die Begriffe von Recht und Unrecht nicht mehr verwenden: denn die Bedingungen, unter denen sie verwendet werden, sind annulliert.

Aber im staatstheoretischen Konzept des Menschenrechtsdiskurses unterwirft sich das zu einer reinen Naturkraft neutralisierte »autonome Subjekt« der staatlichen Autorität der Rechtsverhältnisse, die sich seiner Daseinsfürsorge verbürgen: Es entäußert seine ethische Bildung an das positiv geltende Recht und behält sich in seinem Rahmen nur das Recht vor, als das absolute Subjekt seiner weltanschaulichen Beliebigkeiten »unangetastet« (sakrosankt) zu bleiben. Die Autorität des Rechts ersetzt den Schwund ethischer Selbstbildung; daraus folgt die Vermoralisierung des Politischen, die über die äußeren Rechtsverhältnisse hinaus auf die inneren Gesinnungen übergreift. Indem sie dem Subjekt die ethische Selbstbildung ab- und als Menschenrechtsmoral selbst übernimmt (bzw. den politischen Institutionen und ihren medialen Verkündern überträgt), besorgt sie die Gewissensentlastung des Einzelnen durch staatlich-mediale Stellvertretung, seine Entmündigung und Infantilisierung zur betreuten Biomasse, der man ihre weltanschauliche Narrenfreiheit gewähren mag.

Konsequenz: Das um seine ethische Selbstbildung reduzierte Natursubjekt enthebt sich aller Bildungsverantwortung und befördert mit dem Kollaps aller Bildungsinstitutionen auch die intellektuelle Verwahrlosung des öffentlichen Raumes: Der Beliebigkeit des Meinens wird keinerlei kritische Selbstreflexion oder sachliche Fundierung mehr abverlangt. Aller Bildungsverpflichtung enthoben, existiert das moderne Subjekt als das unmittelbar Wahre, die Heiligkeit seines Meinens; es enthebt sich aller Ausbildung seiner Lebenstüchtigkeit, Bildungskraft und Reflexivität, sich um seiner selbst willen ein freies Dasein zu geben. Wo das Subjekt seiner Eigenheit entleert ein nur noch allgemeines Schema bioförmiger Existenz ist, hat auch die reflexive Bildungskraft keine Instanz mehr, auf die sie zurückkommen und die sie gestalten kann, um sich von ihrer Negativität zu befreien. Es fehlt das ethische Subjekt, das sich in der Freiheit seines Daseins ausbilden könnte. Die lebendige Bildungskraft, sich in der ethischen Transzendenz seiner Freiheit eine Wirklichkeit zu geben, versiegt; und der seiner eigenen Wirklichkeit entfremdete Mensch erzeugt sich nur als das Unvermögen, mit der Negativität seiner durch ihn selbst erzeugten Verhältnisse umzugehen. Was bleibt, ist die Therapie als Reparaturstätte ohnmächtigen Lebens, das mit der Negativität nicht mehr zurechtkommt. Der Kult der Verletzlichkeiten wird zum Signum einer zur Therapiegesellschaft degenerierten Welt; und die Ideologie der Menschenrechte zum Versuch des modernen Menschen, sich – seine Verwahrlosung – anzubeten.

Der Menschenrechtsdiskurs wird zum Symptom einer tiefen existentiellen Selbstentfremdung des modernen Menschen von seiner physischen und geschichtlichen Wirklichkeit, die sein Unvermögen besiegelt, mit der Negativität des Wirklichen umzugehen. Vielleicht wurden »Menschenrechte« nur deshalb zur Sache einer supranationalen Institutionalisierung, weil man nach den totalitären Erfahrungen an die ethische Bildung der selbstbestimmten Subjektivität *nicht* mehr glaubte und meinte, einer anonymen Institution zumuten zu müssen, was man menschlichen Realsubjekten nicht mehr zuzutrauen wagte. Wo die ethische Selbstbildung ausfällt, gibt es auch kein ethisches Subjekt mehr, das die Rechtsordnung der Gemeinschaft tragen könnte; und weil eben das um seine ethische Selbstbildung reduzierte Natursubjekt nicht nur die Masse der Regierten ausmacht, sondern ebenso sehr die Regierenden qua Inhaber der Staatsmacht, kehrt die Bedrohung durch Übergriffe widerrechtlich-diktatorischer Gewalt verschärft zurück. Welche Abwehrrechte könnte der Einzelne dann noch in Anspruch nehmen, wenn das Gemeinwesen selbst der Korruption natürlicher Subjekte verfällt?

Nach beiden Seiten, Regierten wie Regierenden hin, gilt: Das Natursubjekt, das nur seinen eigenen Interessen verpflichtet ist, wird politikunfähig; es verfällt der ideologischen Selbstinszenierung seiner Eigenheiten und Meinungen, ohne die Objektivität des Rechts an der Wirklichkeit der geschichtlichen Gemeinschaft selbst zu messen. Politisch appelliert der Menschenrechtsdiskurs an ein Ethos des Menschseins, das er durch seinen anthropologischen Primitivismus zugleich aufhebt. Es bleibt ein Appell an die ethische Bildungskraft des Menschen, der zugleich die Negation ihrer lebensgeschichtlichen Grundlage fordert. Damit entzieht der Menschenrechtsdiskurs allen Rechtsverhältnissen – des Einzelnen wie der Gemeinschaft – den Boden.

Die ethische Neutralisierung des Menschseins ist auch die seiner kulturgeschichtlichen Grundlagen, die das Gemeinwesen tragen. Sie impliziert damit das politische Projekt der Umwandlung aller geschichtlichen Wirklichkeit in ein ahistorisch-geschichtsloses Jenseits, ein metaphysisch Ideelles und leeres Allgemeines, das kaum mehr als »Staat« zu firmieren vermag. Darin verblaßt die Menschenwelt zum Schattenreich eigenschaftsloser Neutra. Aller geschichtlichen Bildungswirklichkeit beraubt, verflüchtigen sich die Menschen zu ohnmächtigen Abstrakta, die als solche nur in der Vorstellungswelt existieren, in Wirklichkeit aber ihre Realität als biologische Naturkräfte wieder im »Kampf aller gegen alle« entfalten. Was als Zukunftsprojekt einer von allen geschichtlichen Gegensätzen befreiten Menschheit intendiert wird, ist in Wahrheit eine Rückkehr zur vorgeschichtlichen Naturexistenz. Was fehlt, ist ein Bildungsbegriff des Menschseins, der die Verwirklichung seiner Freiheit im geschichtlichen Erfahrungshorizont seiner Kultur, von Handwerk, Kunst und Religion, Wissenschaft und Philosophie verankert. Nicht die Menschenrechte, sondern nur die geschichtlich gewachsenen Bildungsinstitutionen und ihr kultureller Reichtum bilden das ethische Fundament im Gemeinschaftsbewußtsein der Einzelnen, das letztlich auch der einzige Garant einer die menschliche Freiheit achtenden Staatsverfassung ist. Allein daran hat der Mensch auch seine lebendige Wirklichkeit, die ihn aus dem Schattenreich der Neutra ins wirkliche Menschsein heraustreten läßt.

An die Stelle des menschenrechtlichen Universalismus tritt dann die Rückbesinnung auf das Eigene menschlich-geschichtlicher Wirklichkeiten, die nur dadurch, daß sie übernommen und ausgetragen werden, ihre Freiheitspotentiale entfalten können. Wie schon im ersten Teil (Kap. III) angeführt, hat sich dies im politischen Diskurs der Gegenwart längst zu dem politischen Gegensatz von »Kosmopoliten« und »Kulturalisten«, globalen »Universalisten« und nationalen »Souveränisten« entwickelt. Aber bevor wir dies thematisieren, muß der eigentliche staatstheoretische Kern des Menschenrechtsdiskurses noch einmal ausdrücklich auf seinen Begriff gebracht werden.

5. Die staatstheoretische Aporie

Damit noch einmal zurück zu dem Paradox, daß die »Menschenrechte« von eben der Instanz zu gewährleisten sind: der Staatsmacht, gegen deren Übermacht sie gerichtet sind. Wie soll der Staat selbst Abwehrrechte gegen seine Übermacht gewährleisten können? Gehen wir aus von der Frage, wie es mit dieser Übermacht selbst in der Entwicklung der modernen Staatsmacht steht. Ganz generell gilt, daß die Übermacht des Staates über alle Einzelnen, auch alle internen Gruppenverbände und wirtschaftlichen Mächte, eine notwendige und unumgängliche Bedingung der staatlichen Rechtsordnung überhaupt ist: Denn eine Rechtsordnung ohne die Macht der Durchsetzung des Rechts, ohne Rechtsverwirklichung, ist keine. In diesem Sinne gilt: Die Stärke des Rechts *ist* das Recht des Stärkeren – und dies muß in jedem Falle das institutionelle Gemeinschaftssubjekt »Staat« sein, soll er nicht anarchisch in wechselseitige Übermächtigungen von Partikularinteressen zerfallen. Deshalb wird sich auch jede Rechtssetzung um die Integration aller gesellschaftlichen Kräfte bemühen, um die Durchsetzbarkeit des Rechts zu garantieren. Worin aber besteht die Macht des Staates?

In seiner Konstitution als institutionelles Subjekt, das durch seine Rechtssetzungen, Verfahrensregeln und Vorschriften die hierarchische Organisation der Gemeinschaft in zahlreichen Institutionen, Ämtern und Verwaltungen übernimmt, die durch ein weisungsgebundenes Personal durchgeführt werden. Dadurch wird ein erheblicher Teil der Bevölkerung als »Staatsbediensteter« in die Vollzugswirklichkeit des Staates (dem »größten Arbeitgeber«) integriert: äußerlich durch die existentielle Abhängigkeit seiner materiellen Subsistenz, innerlich durch die soziale Konditionierung seiner Tätigkeit im reinen Regelvollzug von Gesetzesvorgaben und Vorschriften, die nicht seinem persönlichen Urteil, seinem Gewissen oder seiner Willkür unterworfen sind, sondern umgekehrt, die Unterwerfung seiner Individualität unter ein anonymes, institutionalisiertes Allgemeines implizieren. Der Staatsbedienstete handelt nicht als Person, sondern als Repräsentant der Staatsmacht und ihrer Rechtsordnung. Allein sie begründet seine »Autorität« gegenüber den einzelnen Bürgern, die zwar als mechanischer Automatismus des Rechtsvollzugs erscheint, aber durch personale Beurteilungskompetenz nach Verhältnismäßigkeit und Billigkeit angewendet wird.

Alles staatliche Handeln synthetisiert damit zwei Momente – das institutionelle Moment allgemeinen Rechtsvollzugs und das personale seiner jeweiligen praktischen Umsetzung. Die Synthese beider Momente aber variiert im hierarchischen Aufbau der staatlichen Rechtsordnung: je höher in der staatlichen Hierarchie, desto gewichtiger das personale Moment; je tiefer, desto größer das institutionelle. Die Persönlichkeit des Kanzlers oder oberster Inhaber der Regierungs- und Verwaltungsmacht, der Exekutive oder Judikative wiegt für die politische Ausübung der Staatsmacht ungleich schwerer als die institutionelle Definition ihres Amtes; und wer nur den letzten Stempel auf ein staatliches Dokument zu drücken hat, hat nur einen äußerst verschwindenden personalen Anteil an der institutionellen Funktion seiner Amtsführung. Sollte dieser aber größer und politisch bedeutsam werden, so ist dies ein klarer Indikator für eine sich entrechtlichende Korruptionsgesellschaft. Umgekehrt zeigt die personale Entkoppelung der Führungsschichten von den institutionellen Vorgaben ihres Amtes die Übermächtigung des Staates durch Partikularkräfte an – den »autokratischen« Zerfall der Rechtsgemeinschaft. Der ethischen Ausbildung des Gemeinsinns und der charakterlichen Eignung der Führungskräfte kommt also ein ungleich größeres Gewicht zu. Beide Zerfallserscheinungen mögen zusammengehören und durch interne Kontrollinstanzen des Staates ausreguliert werden, um die Rechtsordnung der Gemeinschaft vor den Transgressionstendenzen Einzelner abzusichern.

Die Staatsmacht ist deshalb gegenüber der Macht des/der Einzelnen inkommensurabel: kein quantitatives Mehr, sondern ein qualitativ Anderes, das institutionell durch die hierarchische Gesamtorganisation der Rechtsordnung wirkt. Sie ist zwar bis in die jeweiligen Inhaber der Regierungsmacht vermittelt durch natürliche Subjekte, die aber nur durch ihre institutionell in der Rechtsordnung begründete Autorität zur Machtausübung befähigt sind. Als Verfügungsmacht über die Gesamtheit der wirtschaftlichen Leistungen der Gemeinschaft – seine ökonomische Macht – hat der Staat auch den Zugriff auf alle physischen, technischen und logistischen Ressourcen der Machtausübung, der keine einzelne Partikularmacht gewachsen ist. Dazu gehört dann auch seine ideologische Macht der Bewußtseinsbildung, die er schon durch die Hoheit über die Bildungsinstitutionen und die Medien des öffentlich-rechtlichen Rundfunks innehat, aber über die ökonomischen Abhängigkeiten öffentlichen Lebens und ihre zahlreichen Netzwerke auf das kollektive Wirklichkeitsbewußtsein und ihre normativen Orientierungen ausgreift. Die Macht des modernen Staates bricht sich dann letztlich nur an der ethischen Bildung von Einzelnen – ihrem kritischen Selbst- und Freiheitsbewußtsein.

Was Hannah Arendt im Eichmann-Prozeß moralisch als die »Banalität des Bösen« bezeichnete, hat politisch gedacht die Bedingung seiner Möglichkeit an der strukturellen Machtverfassung des modernen Staates. Wie aber sollen darin Abwehr- und Freiheitsrechte des

Einzelnen gegen den Staat noch möglich sein, wenn alles Recht doch allein vom Staat gesetzt und gewährleistet wird? Als Rechte gehören sie gerade nicht dem Einzelnen an, sondern der Institution, gegen die sie gerichtet sind. Was aber taugt ein Recht, das nur als Selbstverpflichtung dessen, gegen den es gerichtet ist, wirksam wird?

Indem die Menschenrechte als Abwehrrechte gegen die Staatsmacht dieser selbst zu ihrer Rechtsverwirklichung unterstehen, entsteht die paradoxe Situation, daß der Staat sich gegen sich selbst zu wenden und gegen seine eigenen Übergriffe vorzugehen hätte. Denn die Macht der Rechtsdurchsetzung liegt nicht in den Händen der in ihren individuellen Freiheitsrechten Verletzten, sondern im Gegenteil, bei den sie Verletzenden, den staatlichen Organen und ihren Ausführenden. Das staatliche Gewaltmonopol widerspricht damit allen Abwehrrechten des Bürgers gegen die Staatsmacht. Ihnen bleibt als Refugium nur die Judikative als unabhängige Instanz der Rechtsverwirklichung. Wirklich »unabhängig« ist sie aber nur, wenn *erstens* ihre institutionelle Verfassung und die Berufung ihrer Richter keiner politischen Macht, sondern einzig und allein der wissenschaftlichen Jurisprudenz unterliegen. Das passive wie aktive Wahlrecht der obersten Richter müßte deshalb allein den wissenschaftlichen Institutionen zukommen. *Zweitens* müßte sie über ein eigenes Mittel der Rechtsdurchsetzung – gegen die amtierende Exekutive – verfügen. Eine solche »zweite«, allein der Judikativen unterstellten Exekutive aber wäre in extremis ein Kampf der Exekutivkräfte des Staates gegeneinander und damit ein Vorspiel zu Bürgerkrieg und Staatsverfall: ein staatstheoretisches Unding.

Was der Judikative zur Gewährleistung der bürgerlichen Abwehrrechte dann bliebe, wäre allein die Ausrufung eines allgemeinen Verweigerungsrechtes, die den Bürger dazu ermächtigte, den seine individuellen Freiheitsrechte verletzenden Rechtsbestimmungen nicht Folge zu leisten und seine passive Verweigerung allen exekutiven Maßnahmen zum Trotz vor jeder Rechtsverfolgung zu schützen. Eine Rechtsbestimmung, die nicht durchsetzbar ist, hebt sich von selbst auf.

Die als Grund- und Menschenrechte verfassungsrechtlich verbürgten individuellen Freiheitsrechte lassen sich also staatstheoretisch überhaupt nicht anders durchsetzen als durch eine zur Ausrufung eines allgemeinen Verweigerungsrechtes legitimierten Judikative, deren Richter von allem politischen und medialen Übermächtigungsdruck frei wären. Der Staat kann folglich nur dann die Grundrechte qua Menschenrechte gewährleisten, wenn er sich eine institutionelle Ordnung gibt, die in sich selbst gegenläufig eine »apolitische« Institution politisch legitimiert als Gegenmacht zuläßt. Genau dies aber ist nicht der Fall: Es wird als Bedrohung der Einheit des Politischen und seiner autoritativen Macht erfahren. Daher die Flucht in supranationale Institutionen, einer Art Auslagerung (*outsourcing*) politischer Souveränität, die als metapolitische Moralinstanz auftritt, ansonsten aber das machtpolitische Spiel nur wiederholt. Es handelt sich um redundante Verdoppelungen nationalstaatlicher Rechtsgarantien, die mit ihrer größeren Bürgernähe, Bindungs- und Durchsetzungskraft weitaus besser gewährleisten können (müßten), was auf supranationaler Ebene (der UN oder der EU) noch einmal in nebulöser Ferne institutioneller Ungreifbarkeit versichert wird. Die »internationale« qua »supranationale« Verdoppelung erschöpft ihren Sinn mithin darin, als machtpolitisches Instrument globaler Beziehungen eine transzendente Scheinautorität zu etablieren – aus Mangel an wirklicher autoritativer Durchsetzungsmacht.

Denn in der Moderne fällt die äußere Begrenzung der Staatsmacht durch die sakrale Autorität höchster religiöser Institutionen, wie etwa im Mittelalter die der weltlichen Mächte durch den päpstlichen Bann, aus. Wo sie auf regionaler Ebene fortbesteht, wie in vielen muslimischen Staaten, steht sie auch gegen die säkularen Freiheitsrechte des Einzelnen. Daher – dem Mangel an sakraler Autorität in religionsprivativen Gesellschaften – ihre Übersteigerung der Individualmoral zu menschenrechtlichen Unbedingtheiten, die einer supranationalen Transzendenz übereignet als Simulationen sakraler Autorität fungieren, der sich die Staaten in freiwilliger Selbstbegrenzung ihrer Macht unterwerfen. Die politische Funktion des Menschenrechtsdiskurses – seine massenpsychologische Wirkung – besteht gerade darin, sich durch Ablenkung auf die moralisch-propagandistisch ausgegrenzten Feind- qua Unrechtsstaaten selbst gegen alle kritische Infragestellung zu immunisieren und als Alleinvertreter (Monopolist) der bürgerlichen

Freiheitsrechte zu inszenieren. Die demokratischen Staaten nehmen dem Einzelnen die Sorge ab, sich überhaupt noch um sie kümmern zu müssen, narkotisieren sein Freiheitsbewußtsein und lähmen seine Widerstandskraft: Er übergibt sich freiwillig an die Schutzmacht, gegen deren Übergriffe er nichts mehr vermag.

Das Paradox, daß der Staat die Bürger vor seiner eigenen politischen Übermacht schützen und dies in seinen Grundrechten auch gewährleisten soll, bleibt die intellektuelle Zumutung einer staatstheoretischen Aporie, deren Auflösung nur im vor- und außerstaatlichen Feld der geschichtlichen Gewalt liegt. So verhält es sich auch mit allen verfassungsrechtlich zugesicherten Widerstands- oder gar Revolutionsrechten, die, wie GG Art. 20.4., auf eine rein moralische Selbstermächtigung des Bürgers gegen die staatliche Übermacht hinauslaufen, aber staatsrechtlich illegitim und machtstrategisch aussichtslos bleiben.[38] Es wirkt merkwürdig hilflos und wird letzten Endes lächerlich, wenn der Staat es dem Bürger großzügig gewähren möchte, gegen ihn zu revoltieren: als wäre die Dynamik des Geschichtlichen darauf angewiesen, staatliche Erlaubnisse einzuholen. Wie in dem Lenin zugeschriebenen Satz: »Wenn diese Deutschen einen Bahnhof stürmen wollen, kaufen sie sich erst eine Bahnsteigkarte«, müßten die Bürger beim Staat erst um die Erlaubnis bitten, ihn stürzen zu dürfen. Es ist die politische Machtprätention, über das geschichtliche Menschsein wie über eine unterwürfige Masse zu verfügen, die sich mit Freiheitsgutscheinen (à la Menschenrechte) ohne Gegenwert betrügen läßt.

In Wirklichkeit – *de facto et de iure* – bleibt es dabei, daß der Einzelne *letztlich* keinen Schutz seiner Rechte von der Staatsmacht erwirken kann, sondern ihr hilflos ausgeliefert ist: Er wird rechtlos auf sich selbst zurückgeworfen – seine (außerrechtliche) Selbstermächti-

38 Vgl. dazu ausführlicher vom Vf., »Pathologie der Freiheit«, a.a.O., Kap. 6. Auch Radbruch hat sich in seiner *Rechtsphilosophie* (a.a.O., S. 216) angesichts der NS-Verbrechen und gegen seine kantische Grundorientierung dazu durchgerungen, das Widerstandsrecht des Bürgers gegen die staatliche Rechtsordnung anzuerkennen, wo diese der sittlichen Allgemeinheit als offenkundiges Unrecht erscheint; aber es ist ein rein moralisches Recht, durch die sich der Bürger selbst ins gesetzliche Unrecht versetzt, und kein der Rechtsordnung selbst immanentes.

gung zum Widerstand gegen staatliche Übergriffe. »Letztlich« heißt: Überall dort, wo sich die amtierende Staats- bzw. Regierungsmacht in der Substanz ihrer Kernanliegen durch Einzelne herausgefordert und ernsthaft bedroht sieht. In allen anderen, d.h. der Vielzahl von minderen Fällen behördlicher Übergriffe, reichen – sofern es sich, optimistisch gedacht, um einen funktionierenden Rechtsstaat handelt – die internen Kontrollinstanzen der nationalstaatlichen Rechtsordnung und ihrer Justiz auch dazu aus, staatliches Unrecht abzuwehren. Sie bedürfen dann also auch keiner höheren »internationalen« Ebene. Die staatstheoretische Aporie, die in einer Vielzahl von Fällen rechtsstaatlich abgefedert und damit inapparent bleibt, tritt erst dort in ihrer vollen Wucht hervor, wo das Staatsinteresse selbst betroffen ist und mit der Freiheit des Einzelnen kollidiert. Und genau an dieser allein relevanten Stelle versagen alle Abwehrrechte.

Dies ist aktuell in erschreckender Weise zutage getreten – sowohl am Fall Assange wie an der Aufhebung und Einschränkung aller Grundrechte in der Corona-Krise.[39] In beiden Fällen geht eine flächendeckende Diffamierung der Einzelnen (von Assange bzw. der Opposition gegen die Corona-Maßnahmen) durch die öffentlich-rechtlichen wie Mainstream-Medien einher mit einem generellen Justizversagen, den Schutz der elementaren Freiheitsrechte zu gewährleisten. Im Fall Assange war es nun erst die Intervention von Nils Melzer als dem UNO-Sonderberichterstatter für Folter, die das erschreckende Ausmaß staatlicher Grundrechtsverletzungen für eine breitere Öffentlichkeit offenlegen konnte – wenn auch noch ohne juristischen Erfolg.[40] Im Fall der Corona-Opposition, die die Unverhältnismäßigkeit der Maßnahmen kritisiert, steht eine mediale wie auch politische und juristische

---

39 Vgl. hierzu ausführlich: Nils Melzer: Der Fall Julian Assange. Geschichte einer Verfolgung. München 2021, und vom Vf., »Pathologie der Freiheit«, a.a.O.

40 Wenn der supranationalen Ebene (UN) hier doch als entscheidendes Verdienst zuzurechnen ist, das Versagen nationaler Rechtsordnungen zu offenbaren, dann verdankt sich dies allein der persönlichen Aufklärungsarbeit von Nils Melzer, die im Binnenfeld westlicher Kleindemokratien schon widerständig genug war, also in Bezug auf Großmächte wie die USA oder Autokratien vermutlich scheitern würde.

Aufarbeitung noch in ferner Zukunft.[41] Das beispiellose Versagen des BVerG und mancher Oberverwaltungsgerichte, die politische Mißachtung der Rechtsauffassungen ländereigener Verfassungsgerichte (Brandenburg, Bayern), international z.B. in Portugal und Spanien, und die Schikane untergeordneter Gerichte (Weimar) kann keinen Zweifel daran lassen, daß die elementaren Freiheitsrechte auf keinerlei staatlichen Schutz rechnen können, wo sie dem Staatsinteresse selbst zuwiderlaufen.[42] Sie bleiben eine Sache der reinen Selbstermächtigung von Einzelnen, die als ethische Persönlichkeiten die wahren Säulen des freiheitlichen Rechtsstaates bilden und sich dazu allen medialen Diffamierungen und staatlichen Übergriffen im eklatanten Verstoß gegen die AEMR ausgesetzt sehen. Es ist der Offenbarungseid der menschenrechtlichen Selbstinszenierung der Demokratie, die Entlarvung ihres Trugbildes als Wahrheits- und Freiheitsmonopolist. Gerade die Demokratie als parteien- und mediengesteuerte Staatsmacht erweist sich als besonders flexibel und erfolgreich in der Aushöhlung personalen Freiheitsbewußtseins – man diffundiert ins Allgemeine, verwischt die Gegensätze, und keiner weiß mehr, wer er selbst und wo der Gegensatz ist.

---

41 Materialien: Uli Gellermann/Tamara Ganjalyan (Hg.): Schwarzbuch Corona – die Erkenntnisse des Corona Untersuchungs-Ausschusses, Bd. 1. Berlin 2021.

42 Ausnehmend milde formuliert Melzer: »[…] sobald Regierungen ihre wirtschaftlichen und sicherheitspolitischen Interessen bedroht sehen, nehmen sie es mit der Rechtsstaatlichkeit nicht mehr so genau.« (a.a.O., S. 330)

III. DIE GESCHICHTSPOLITIK DER MENSCHENRECHTE

Geschichtspolitisch zielt der Menschenrechtsdiskurs auf die Neutralisierung aller kulturgeschichtlichen Identitäten zu einem kosmopolitischen Weltbürgertum. Das Vorspiel dazu liefert eine weitreichende gesellschaftliche Buß- und Entschuldungszeremonie, die alle im weltgeschichtlichen Prozeß übermächtigten Kulturen durch ökonomische und symbolische Kompensationsleistungen auf die axiomatische Gleichheitsstufe ihrer biologischer Würde zu heben versucht, um alles vermeintlich geschichtliche Unrecht »wiedergutzumachen«. Der geschichtspolitische Diskurs universeller Menschenrechte ortet sich darin als die Spitze des fortschrittsgeschichtlichen Gattungsprozesses; er bezieht seine Legitimität aus der geschichtsmetaphysischen Überzeugung, auf der Seite des Geschichtsmächtigen als des Wahren und damit des überpositiven Rechts zu stehen, das zu verwirklichen seine welthistorische Aufgabe sei. Wie steht es aber mit dem geschichtlichen Prozeß, der als wesentlich kultureller – und nicht biologischer – all dem zugrunde liegt?

Die geschichtliche Dynamik der Moderne erzeugt sich aus dem neuzeitlichen Konstellationswandel menschlichen Weltverhältnisses, der mit der Genese wissenschaftlich-technologischer Rationalität aufbricht und sich unumgänglich »globalisiert«, also alle menschlichen Kulturen ergreift und ihre Daseinsverhältnisse revolutioniert. Dieser Zug zur Universalisierung gehört ihr wesensmäßig zu, insofern sie dem Verfahren nach zuerst subkulturell als rein pragmatische Veränderung der menschlichen Lebensbedingungen auftritt, also dem Anschein nach nicht, wie etwa religiöse Konversionsbewegungen, in den kulturgeschichtlichen Grund menschlichen Weltverhältnisses eingreift. Der Anschein mag trügen; zumindest in ihrem europäischen Ursprungsbereich kommt der Konstellationswandel als Auflösung des religiösen Kulturgrundes im Zeichen selbstbewußter Subjektivität zum Zuge: Das ganze Schwergewicht menschlichen Daseins verlagert sich von seiner Vergegenwärtigung transzendenten, ewigen Lebens auf die Geschichte als fortschrittsgeschichtlicher Selbstproduktion der Gattung »Mensch« mit dem Endziel, dem Erdenglück aller. Die religiöse Heilserwartung transformiert sich zum metaphysischen Geschichtsprojekt, den Menschen durch technologische Beseitigung von allem Negativen zu erlösen. Der Siegeszug wissenschaftlich-technologischer Rationalität scheint unaufhaltsam auf die mentale Homogenisierung geschichtlicher Kulturen unter europäischer Führung zu drängen.

Daraus ergeben sich tiefgreifende Konsequenzen nicht nur für die überlieferten, meist religiös fundierten Kulturen, sondern auch für das philosophische Selbst- und Weltverständnis des Menschen: Ist am Geschichtsprozeß der Moderne ein Wahrheitsgeschehen sich befreienden Menschseins am Werk, dem es sich als Maß sinnvollen Denkens unterzuordnen hätte?[43] Die geschichtliche Diagnose wird zum Kern intellektueller Selbstverständigung, um die Wahrheitsrelevanz wissenschaftlich-technologischen Weltverhältnisses auszuloten und dem geschichtlichen Handeln das, was als das Geschichtsmächtige und damit Zukunftsträchtige herausdestilliert wurde, als weltanschauliche Orientierung vorzugeben. Von daher erzeugt sich der politische Gegensatz von globalen Universalisten (Kosmopoliten) und kulturellen Souveränisten (Kommunitaristen) und wird leitend für den geschichtspolitischen Diskurs.[44]

1. Kosmopolitismus und Technologisierung

Der Soziologe Rolf Peter Sieferle hat in seinem grundlegenden Werk *Epochenwechsel* den Gegensatz zum Leitmotiv seiner umfassenden, mehr soziologisch und lebensweltlich ausgerichteten Analyse der geschichtlichen Situation der Gegenwart erhoben; es ist der rote Faden,

43 Vgl. vom Vf.: The Situation of Philosophy today and the Question of Interculturality. Delhi 1994/Wien 1995 (als PDF zum Herunterladen auf der Webseite des Vf.).

44 Vgl. in der metapolitischen Auseinandersetzung etwa Chantal Mouffe: Über das Politische. Wider die kosmopolitische Illusion. Frankfurt/Main 2007; zuletzt Wolfgang Streeck: Zwischen Globalismus und Demokratie. Frankfurt/Main 2021.

der das ganze Werk von Anfang bis Ende durchzieht.[45] Es lohnt sich, einen Blick darauf zu werfen, um – stellvertretend für zahlreiche andere Arbeiten – die entscheidenden Gelenkstellen der Gedankenführung einer weiteren Auseinandersetzung zugänglich zu machen.

Sieferle sieht wie viele andere auch »den zwingenden Zusammenhang von technischer Modernisierung und kultureller Universalisierung«.[46] Die unausweichliche Konsequenz der geschichtlichen Dynamik wäre dann ganz im Sinne des menschenrechtlichen Universalismus das kosmopolitische Bürgertum eines Welteinheitsstaates, der seine kulturellen Provinzen nur noch als folkloristische Momente eines Überlebten an sich hat und als touristische Erlebniswerte feilbietet. Sieferle meint, der menschenrechtliche Universalismus argumentiere in universalistischen Kategorien, wogegen kulturelle Partikularismen nicht verallgemeinerungsfähig seien.[47] So sei der Universalismus aus logischen Gründen zwingend für ein mit rationalen Argumenten begründetes Handeln; dem Partikularismus dagegen fehle es an einer gleichrangigen (isomorphen) rationalen Begründung, die gegen den Universalismus bestehen könnte. So bliebe nur der Kulturrelativismus als Verzicht auf den Anspruch transkultureller Geltung.[48]

Aber hier geht Sieferles Analyse stellvertretend für viele andere ganz fehl. Denn *erstens* kümmert sich die realgeschichtliche Dynamik selbst wenig um intellektuelle Begründungen; ihr Machtprinzip untersteht ganz anderen Kräften als dem Prinzip rationaler Argumentation. Sie bringen sich im kollektiven Bewußtsein der Handelnden als affektiv gestimmtes Heilsversprechen zum Vorschein, das bedingungslos verfolgt wird: Es bannt und wirkt durch diese Bannung. Sie bildet die affekti-

---

45 Rolf Peter Sieferle: Epochenwechsel. Berlin 2017 [Ersterscheinung 1994]. Im selben Jahr hatte der Vf. aus der ganz anderen philosophischen Perspektive die neuzeitliche Vergeschichtlichung des Denkens untersucht, wie sie zur Grundlagenbesinnung der Philosophie, zuletzt bei Heidegger, geworden war. Vgl. Rudolf Brandner: Heideggers Begriff der Geschichte und das neuzeitliche Geschichtsdenken. Wien 1994.

46 Sieferle, a.a.O., S. 51.

47 Ebenda, S. 376 ff.

48 Ebenda, S. 465 ff.

ve Grundlage, die sich in den politischen Diskurs entäußert, der nur dem äußeren Anschein nach einer diskursiven Rationalität angehört, in Wahrheit aber seine unüberschreitbare Grundlage an der affektiven Heilsbannung hat, die das kollektive Geschehen durch Übermächtigung bestimmt. Der politische Diskurs vollzieht sich deshalb auch nicht in universalistischen Allgemeinbegriffen, sondern übersetzt eine geschichtlich übermächtigende Gestimmtheit in sprachliche Bedeutungen, die durch die zugrundeliegende Heilsbannung zu unbedingter Geltung aufgeladen werden: Die Unbedingtheit ihrer universalen Geltung gründet im affektiv bannenden Heilsversprechen.

Zweitens ist die objektive Allgemeinheit des Begriffs, der für alle unter ihn subsumierten Einzelfälle gilt, zu unterscheiden von der intersubjektiven Allgemeinheit, die seine Wahrheitsgeltung für eine bestimmte Anzahl von Menschen meint: Sie umfaßt die Gemeinschaft der Menschen, denen »allen« ein bestimmtes Sachverständnis »gemein« ist. So gilt etwa der Begriff des Baumes für alle einzelnen Bäume – sie fallen alle unter die objektive Allgemeinheit des Begriffs. Aber es mag sein, daß das begriffliche Verständnis von »Baum« sich in verschiedenen kulturgeschichtlichen Gemeinschaften unterschiedlich ausgeprägt hat: Der Begriff hat eine wie immer variable intersubjektive Allgemeinheit. Sie begrenzt sich auf die Menschen, die an ihm die Wahrheit ihres Sachverständnisses haben. Die universelle Allgemeinheit des Begriffs – seine Geltung für alle Bäume – ist nicht auch schon die universelle Allgemeinheit seiner Geltung für alle Menschen (vernünftigen Lebewesen). Was gerade dort ein ganz besonderes Gewicht erhält, wo es um den Kern des Menschseins geht: Denn das Verständnis des Menschseins ist ein durch die kulturgeschichtliche Gemeinschaft erzeugtes, das sie allererst zu einer ethisch-politischen Gemeinschaft eint, die ein mehr oder minder homogenes Begriffsverständnis der Dinge hat. Es ist kein universelles, sondern ein im Diversifikationsfeld kulturgeschichtlichen Menschseins regionales, das einem spezifischen geschichtlichen Erfahrungshorizont entspringt und ihr kollektives Ethos fundiert. Daß andere das anders meinen, tangiert nicht ihr Wahrheitsbewußtsein, kann es also auch nicht »relativieren«: Es wird als unumgänglicher Verblendungsfaktor menschlichen Daseins in seiner kulturgeschichtlichen Vielfalt verbucht.

Damit stellt sich *drittens* die Frage, ob und wie der wie selbstverständlich gemachte Anspruch auf transkulturelle qua universelle Geltung überhaupt sachlich gerechtfertigt (legitim) ist und der Verzicht auf einen solchen als Übel eines irrationalen, die Einheit menschlicher Vernunft aufhebenden »Kulturrelativismus« gebrandmarkt werden kann. Denn die dabei stillschweigend aus der Metaphysik der Aufklärung übernommene Voraussetzung versteht die Einheit menschlicher Vernunft als substanziellen Wesensbestand und nicht als die spezifisch geschichtliche Bildung, die das Erkennen im neuzeitlichen Prozeß der Aufklärung erhalten hat. In der geschichtlichen Wirklichkeit aber bildet sich die Offenheit menschlichen Erkennens im Umgang mit dem welthaften Offenbarungsgeschehen zu unterschiedlichen kulturellen Paradigmen aus, die meist dem formalen Typus der »Religion« subsumiert werden. Aber auch darüber hinaus besteht ihr Sinn darin, die Negativität des Seins auszutragen und ins Heilvolle, den Menschen von ihr Befreiende, umzuwandeln. Für ein solches Paradigma steht auch die neuzeitliche Ausbildung des Erkennens zur »Vernunft«, die sich im Heils- qua Befreiungsprojekt wissenschaftlich-technologischer Rationalität verwirklicht und in der Globalisierung weltweit durchsetzt. Es ist diese rein instrumentelle »Vernunft«, nach deren Maß nun alle menschlichen Kulturgemeinschaften kommensurabilisiert, gleichgeschaltet nach Mehr und Minder (fort- oder rückschrittlich) vermessen und als »irrational« ausgegrenzt werden: Der vorausgesetzte Vernunftbegriff gehört zum teleologischen Selbstverständnis der Moderne, die sich als die geschichtlich letzte, normativ höchste Wahrheit des Menschseins in Anspruch nimmt und im Universalanspruch ihrer »Menschenrechte« als Endziel (*telos*) menschheitsgeschichtlicher Entwicklung behauptet.

2. Universalismus und Kulturrelativismus

Im kosmopolitischen Vorwurf des »Kulturrelativismus« steckt mithin nichts anderes als die geschichtsteleologische Selbstaffirmation der eigenen universellen Wahrheit, die alles geschichtliche Anderssein davon ausscheidet. »Kulturrelativismus« ist dabei nur der Verfallsbegriff des teleologischen Selbstbewußtseins der Moderne, das sich im Zuge des

»Historismus« zunehmend auflöst und zum Ausdruck einer in ihrer existentiellen Wahrheit verunsicherten geschichtlichen »Kultur« wird. Denn »Relativität« ist eine reflexive Kategorie, die ganz der historischen Reflexion entstammt und allein dieser ihre sachliche Bedeutung und Wahrheit verdankt: In der Reflexion tritt das Denken aus dem lebendigen Selbstvollzug seines geschichtlichen Daseins heraus, erhebt sich über sich und bezieht einen scheinbar transzendenten, von allen kulturgeschichtlich bedingten Inhalten entleerten Standpunkt; und schaut nun herab auf sich selbst und alles andere, um festzustellen, daß das eine wohl ebenso gut und wahr ist wie das andere: Es vergleicht und findet, es sei eben alles gleich »relativ«. Aber all dieses »Relative« ist an und für sich selbst, d.h. als Selbstbejahung einer geschichtlichen Daseinswirklichkeit, absolut; »relativ« wird es erst in der Reflexion, die vergegenständlichend aus ihr heraustritt, äußerlich mit anderem vergleicht – und gleichsetzt. Warum? Weil sie selbst, indem sie aus der Selbstbejahung ihres Daseins heraustritt, sich all ihrer Lebenswirklichkeit entleert, als diese Leere aber über kein Maß, kein Kriterium mehr verfügt, um wahr von falsch, gut von schlecht unterscheiden, überhaupt elementare Gegensätze des Daseins entscheiden zu können.

Damit übersetzt der Standpunkt der Reflexion das schon verunsicherte Gefühl der eigenen geschichtlichen Wahrheit in die explizite Selbstnegation; sie erfährt sich in ihrer Unwahrheit, bestärkt und projiziert diese nun auf alle anderen, denen sie ebenso ihren ungebrochenen Wahrheitsanspruch nimmt: Sie sind ebenso »unwahr« und »relativ« wie sie selbst. Die Reflexion ist (anderes) gleichschaltend, weil (in sich selbst) maßlos – und dies die Logik des Kulturrelativismus, der all dem zum Trotz absolut auftritt: Denn die »Relativität« qua Unwahrheit aller Kulturen wird damit zum universellen Wesensmerkmal des Menschseins – seines grundsätzlichen Unvermögens absoluter Wahrheit, die dennoch von jeder lebendigen Kultur in Anspruch genommen wird. So auch vom »Kulturrelativismus«, der die Wahrheitsunfähigkeit des Menschen zum universellen Dogma erhebt, darin aber nur die moderne Erfahrung metaphysischen Wahrheitsverlustes ontologisch verwesentlicht, um sich daran sein lebenskräftiges Wahrheitsbewußtsein wiederherzustellen. Im Rücken der reflexiven Leere kehrt der lebendige Daseinsvollzug zurück – als vital gebrochene Selbstbejahung der Leere.

Daher die bedingungslose Forderung von »Universalität«: zuerst des Relativen aller kulturgeschichtlichen Lebenswirklichkeiten, die Universalisierung der eigenen historizistisch erfahrenen Unwahrheit der Moderne; dann der aus der historischen Überschau gewonnenen reflexiven Abstraktionen, die als Begriffe allgemeinen Menschseins kulturunabhängig, neutral und somit universell gelten sollen. Dazu gehört dann in umgekehrter Blickwendung, daß die Moderne ihr teleologisches Siegesbewußtsein wissenschaftlich-technologischer Rationalität mit schlechtem Gewissen besetzt, ihre maßgebliche Kulturmacht zurücknimmt und sich für alles entschuldigt, was sie geschichtlich hervorgebracht hat. Aber diese Selbstrelativierung ist nur die Machtstrategie, ihren aus reflexiver Entleerung gezeitigten kulturrelativistischen Moralismus weltweit zu implantieren: Er soll nun überall, bedingungslos und universell gelten.

Eine Auseinandersetzung über das allen gemeinschaftliche Menschsein findet nicht statt: sie scheitert am moralideologischen Absolutheitsanspruch derer, die sich ihr Nichtwissen um das wahre und gute Menschsein als ihr absolutes Wissen um das, was der Mensch sein soll, freimütig auf das Banner ihrer Aufgeklärtheit schreiben. Was dabei als handgreiflicher Widerspruch erscheinen mag, erweist sich bald als Wahrheitsanspruch des kulturrelativistischen Moralismus. Denn dieses Nichtwissen ist nichts anderes als die Inhaltslosigkeit des leeren Allgemeinen, das sich als Antidiskriminierungs- und Gleichheitsdogma verkündet: das Wahre und Gute als das Nichts, darin auch nichts zu diskriminieren und alles gleich ist – die Selbstbejahung der Leere.[49]

3. Das geschichtliche Subjekt des Kosmopolitismus

Wo also sind die »Kosmopoliten«, wer ist ihr maßgebliches Subjekt? Die »anywheres« aus »global players« und Massentourismus – die

49 Vgl. in dieser Richtung auch die kritischen Analysen von Frank Böckelmann, *Jargon der Weltoffenheit* (2. Aufl., Lüdinghausen/Berlin 2017).

einen als Akteure globaler Wirtschaft, die anderen als folkloristische Freizeitgenießer exotischer Restbestände menschlicher Kultur? Immerhin: Wie der Blick auf die realgeschichtliche Dynamik zeigt, begrenzt sich der menschenrechtliche Kosmopolitismus gerade auf die Regionen, die als die maßgeblichen geschichtlichen Subjekte wissenschaftlich-technologischer Rationalität die Erosion ihres kulturellen Grundes erfahren mußten. Je mehr das kulturgeschichtliche Selbstbewußtsein im Zuge moderner Lebensführung erodiert, desto stärker die kosmopolitische Tendenz, die, wo nichts mehr ist, auch nichts vermissen und als Entzug erfahren kann. Hinzu kommt der Hang zum Opportunismus, der gerne auf der Seite des vermeintlich Geschichtsmächtigen steht, um sich fortschrittsideologisch zu inszenieren, seine Zukunft abzusichern oder auch nur mit dem Faktischen, das man nicht ändern kann, zu arrangieren.[50]

Es ist die menschenrechtliche Provinz demokratischer Regionen, die an die Stelle universell geltender Menschenrechte rückt und im nationalstaatlichen Kleinformat leisten soll, was der große Rest der Welt nicht zu leisten gewillt ist. Gerade im migrationspolitischen Diskurs offenbart der kosmopolitische Verzicht auf das kulturelle Selbstbestimmungsrecht und all seine Not- und Abwehrrechte das erodierte und zunehmend negativ besetzte Selbstverhältnis moderner Demokratien: Das Scheitern der kosmopolitischen Intention an den realgeschichtlichen Verhältnissen kehrt sich um in das Ressentiment gegen sich selbst – repräsentiert durch jene sozioökonomisch privilegierten Rechtsstaaten des »alten weißen Mannes«, die sich ihren Vorteil nur durch Raub und Ausbeutung verschafft hätten und deshalb ihre tiefe moralische Schuld nur dadurch kompensieren könnten, daß sie auf die Ausbildung kosmopolitischen Bewußtseins bei allen anderen Kulturen verzichten, um in seinem Namen nur noch sich selbst zum Opfergang anzubieten. Die geschichtliche Welt der Menschenrechte ist die welt-

---

50 Wobei wir die entscheidende Voraussetzung übergehen, Geschichte überhaupt als »Wahrheitsgeschehen« (Macht als Wahrheitsindikator und das Geschichtsmächtige als Wahrheitsereignis) zu verstehen – und nicht etwa als kollektives Verblendungsgeschehen, das sich immer nur in wenigen Einzelnen auflöst (wie es die Philosophie in Ost und West seit Jahrtausenden vertreten hat).

geschichtliche Provinz der Schuld, die sich durch kosmopolitische Entprovinzialisierung von sich selbst erlösen muß, und sei es auch, daß sie dabei selbst zugrunde geht.[51]

So gedeiht der Kosmopolitismus universeller Menschenrechte nur auf dem Boden eines negativen kulturellen Selbstverhältnisses und wirkt zugleich als Versuch einer Selbsttherapie, sich von den eigenen geschichtlichen Traumatisierungen zu befreien. Als Frucht kulturellen Selbstzerwürfnisses treibt er seine Blüten nur in der Anklage alles Eigenen, das er als Negativum von sich abzustoßen und ins Leere eines unbestimmten Universalen aufzulösen sucht. Die moralische Inquisition aller geschichtlichen Vorbilder, die sprachliche Bereinigung literarischer Überlieferung und der Sturz der Monumente sind nur Folgen davon. Es fehlt jede Selbstbejahung geschichtlichen Daseins, die über die zur Selbsterhaltung erforderlichen Produktionsweisen der wissenschaftlich-technologischen Welt hinausginge; und selbst diese werden um der globalen Weltrettung willen zunehmend negativ angegangen und moralisch zu Selbstverzicht gedrängt.

Die paradoxale Spannung des Menschenrechtsdiskurses, das europäisch-aufgeklärte Wahrheitsbewußtsein einerseits zur globalen Übermächtigungsstrategie zu universalisieren, andererseits aber in die Selbstverneinung des eigenen Kulturgrundes zurückzunehmen, löst sich ins Wohlgefallen auf, den kulturell Anderen eben als Vorbild voranzugehen und ihnen das eigene gebrochene Kulturschicksal zur Nachahmung anzuempfehlen. So ist es etwa ganz geläufig geworden, der muslimischen Welt die Säkularisierung ihrer Religion als Aufklärungsauftrag ans Herz zu legen, um mit dem religionsprivativen Zustand der europäischen Moderne gleichzuziehen. Es ist also weniger ein Paradox als vielmehr die konsequente Übertragung des eigenen geschichtlichen Kulturschicksals auf den Rest der Welt, was sich im kosmopolitischen Wahrheitsanspruch des Menschenrechtsdiskurses geltend macht und dazu die analoge Überwindung kulturgeschicht-

51 Ein psychodramatisches Schauspiel, das Rudolf Burger mit großer Durchdringungskraft thematisiert hat, vgl. *Re-Theologisierung der Politik?* (Springe 2005), *Im Namen der Geschichte* (Springe 2007) und *Jenseits der Linie* (Wien 2009).

licher Verblendungen im Namen ihrer »Vernunft« und »Aufklärung« einfordert. Das Subjekt des kosmopolitischen Menschenrechtsdiskurses, das sich als kulturneutrales, entgeschichtlichtes Universalbewußtsein gibt, das alle, auch seine eigene kulturgeschichtliche Bildung überwunden und hinter sich gelassen hat; und sich zum Beweis dafür auch noch der ostentativen Selbstverachtung hingibt, ist in Wahrheit das kulturgeschichtlich zerrissene Bewußtsein der Moderne selbst. Es existiert als die Gebrochenheit seines Weltverhältnisses, die sich durch Universalisierung seine Selbstaffirmation als das zu verwirklichende Wahre und Gute des Menschseins zu garantieren sucht und sich entsprechend als Ziel- und Endpunkt einer ihre geschichtlichen Differenzen aufhebenden Menschheitsentwicklung projiziert, die politisch weltweit durchzusetzen ist. Eben darin besteht das heilsideologische Kernprojekt des menschenrechtlichen Universalismus und Kosmopolitismus, das an die Stelle vormaliger sozialistischer und faschistischer Ideologien tritt. Wie aber steht es mit diesem Heilsversprechen der Moderne?

4. Heilsversprechen und Selbstzerwürfnis der Moderne

Der menschenrechtliche Kosmopolitismus schöpft sein »Charisma« – seine politische Zauberkraft und Verführungsmacht – nicht zuletzt aus der neuzeitlichen Befreiungserfahrung menschlichen Erkennens, sich von aller offenbarungstheologischen Metaphysik ab- und der faktischen Wirklichkeit selbst zuzuwenden, um an ihr alle menschliche Not aufzulösen. Es ist das ungeheure und geschichtlich überwältigende Befreiungsprojekt wissenschaftlich-technologischer Rationalität, das durch seine bahnbrechenden Erfolge auf allen Ebenen menschlichen Daseins seinen globalen Siegeszug antrat und ins charismatische Wahrheitsbewußtsein der Moderne übersetzt, um auf dem Weg indefiniten technologischen Fortschritts auch die einzig mögliche Vollendung qua Heilsverwirklichung des Menschseins zu leisten. Daraus schöpft der kosmopolitische Diskurs seine geschichtsdynamische Erwartung, mit der Auflösung kultureller Differenzen auch die mentale Homogenisierung der Menschheit im einheitlichen Verständnisparadigma der Moderne zu bewirken, die seine heilsgeschichtliche Hoffnung ausmacht. Denn in ihr sind alle Menschen als biologische Einheiten »gleich« und in ihrer äußersten Vollendung nichts anderes als rundum saturierte Lebewesen, die störungsfrei ihrer freien Willkür leben.

Es ist dieses, dem kosmopolitischen Bewußtsein durch die pragmatische Verfassung wissenschaftlich-technologischer Rationalität vorgegebene Ideal des Menschseins, das den Geltungsbereich des anthropologischen Primitivismus absteckt, wie er auch der AEMR zugrunde liegt. Wo Sinn und Ziel des Menschseins – das äußerste Worumwillen seines Daseins – den Horizont biomorpher Bedürfniserfüllung nicht überschreiten und dies als geschichtliches Endziel der Menschheitsgeschichte ausgegeben wird, melden sich Widerstände. Sie stammen nicht aus regressiven Kulturangewohnheiten, sondern aus der sich in ihnen schon von jeher realisierenden Wesensverfassung des Menschen. Daher die Bruchstelle im Wahrheitsbewußtsein der Moderne, die sie in die kulturgeschichtliche Zerrissenheit ihres negativen Selbstverhältnisses bannt: Infrage steht nicht die Befreiungsleistung wissenschaftlich-technologischen Weltverhältnisses in der Abkehr von der religiösen Metaphysik und Theologie, sondern ob die ihr zugrundeliegende Rationalität überhaupt den Rang einer das Menschsein von Grund auf revolutionierenden geistigen »Kultur« einzunehmen vermag: also wesentlich mehr beinhaltet als nur die äußere Technisierung menschlicher Lebensbedingungen. Nur unter dieser Bedingung ließe sich die kosmopolitische Erwartung aufrechterhalten, daß die weltweite Universalisierung wissenschaftlich-technologischer Rationalität die geschichtliche Vielfalt der Kulturen zu einer homogenen Einheitszivilisation aufzuheben vermag. Aber in Wahrheit besorgt das technologische Weltverhältnis weltweit nur die Universalisierung des Gleichen zur zivilisatorischen Monotonie entleerter Realsubjekte, die in der architektonischen Eintönigkeit uniformer Stadtbilder ihren digital vernetzten Autismen nachhängen.[52]

52 Vgl. die hervorragende Phänomenologie lebensweltlicher Entgrenzungen von Frank Böckelmann, *Die Welt als Ort. Erkundigungen im entgrenzten Dasein* (Wien

Geschichtlich entscheidend wird, daß sich die geschichtliche Welt der technologischen Moderne gerade *nicht* als sui suffizientes und sich selbst bejahendes »Heilsgeschehen« erfährt; aber nicht primär wegen der technologischen Verwüstung des Planeten und seinen sozioökonomischen Verwerfungen, sondern all dem zuvor, weil die wissenschaftlich-technologische Rationalität selbst dem Freiheitsverlangen sich selbst verständigenden Menschseins kein Genüge bieten kann – damit aber als sui suffizienter Kulturgrund menschlichen Daseins ausfällt. Eine Mentalität, die alles seinem gegenständlichen Berechnen, Verfügbarmachen, Manipulieren und machtförmigen Gebrauch unterstellt, kann ethisch nur zur Aufhebung aller geistigen Selbstbildung in Handwerk und Kunst, Religion und Philosophie führen. Sie mündet politisch unvermeidlich in den Totalitarismus technologischer Herrschaft, wie schon die zu Recht berühmten Dystopien von Aldous Huxley (*Brave New World*) und George Orwell (*1984*) demonstrierten. Der durchdigitalisierten Welt wirkt es heute nicht mehr so futuristisch befremdend, den Menschen als Produkt aus Gentechnologie und medialen Konditionierungen einer totalitären Herrschaftsform zu unterwerfen, die sanft und gewaltlos den Schein demokratischer Freiheit verbreitet und im zufriedenen Glück der allermeisten die Liebe zur Knechtschaft einpflanzt (Huxley). Im »Transhumanismus« ist die »Dystopie« schon zur »Utopie« umgekehrt. Das durch die moderne Rationalität erzeugte Selbst- und Weltverständnis des Menschen – seine schlechte Metaphysik, die sich aus modellierten Versatzstücken relativitäts- und quantentheoretischer Kosmologie, Evolutionstheorie, Genetik und Neurophysiologie zusammensetzt – entlädt sich zu sozioökonomischen Phantasmagorien saturierter Begierdewelten und tendiert von sich aus zum totalitären Modell politisch verdinglichten Menschseins, das alle ethische Selbstbildung durch technologische Verfügungsgewalt ersetzt. Ein Menschenrechtsdiskurs, der so wenig über den Menschen nachdenkt, kann auch keine andere geschicht-

2007). Entscheidend bleibt dabei seine Einsicht, daß sich dem technologischen Bewußtsein alles Wirkliche in eine Ontologie des Möglichen transformiert: »Wir beherrschen die Welt, indem wir sie in die Möglichkeitsform verwandeln.« (S. 29) So erscheint dann alles Reale als subjektives Konstrukt.

liche Wirksamkeit entfalten, als jene Zerrissenheit zu vertiefen, die der ideologischen Situation der Moderne in all ihren Variationen schon zugrunde liegt.

5. Unterwegs zur Neuverortung des Menschseins

Ist die wissenschaftlich-technologische Rationalität aber ihrem ganzen Wesen nach unvermögend, selbst geschichtlich kulturgründend zu wirken, dann kann ihre kosmopolitische Universalisierung nichts anderes erzeugen als die Unkultur eines synkretistischen Supermarkts, der alles zusammengelesene »Kulturgut« als Ware ins Regal entleerter Menschensubjekte stellt und ihrer Erregung feilbietet. Wo die Kultur zur Ware wird, fungiert sie nicht mehr als Bildungsinstanz, der Verwirklichung menschlichen Daseinsverlangens ein maßgebliches Worumwillen vorzugeben, darin es sich vollenden könnte. Das Menschsein findet dann woanders statt: Seine Erfüllung sucht es in den kulturgeschichtlichen Überlieferungen von Kunst, Religion und Philosophie; und wie in den vergangenen Jahrtausenden auch, mag es sich auf der Grundlage seiner kulturgeschichtlichen Identität andere geistige Welten anverwandeln, also ebenso sehr kosmopolitisch »weltoffen« wie regional »geerdet« sein.[53]

Ein Widerspruch ist dies nicht. Wie der Einzelne »ein lebendiger Spiegel des ganzen Universums von einem bestimmten Blickpunkt aus ist« (Leibniz)[54], so ist auch seine »Universalität« immer eine im Eigentümlichen seiner geschichtlichen Existenz geerdete, aus der allein sie sich zur lebendigen Wirklichkeit entfalten mag. Ein »Kosmopolit« im ursprünglichen Sinne ist ohnehin keiner, der auf die machtstrategische Universalisierung seiner partikulären Menschenkultur setzt, sondern einzig und allein der Philosoph, der sich vom Blendwerk menschlicher Ordnungen abwendet und allein an der geistigen

53 Vgl. die diesbezügliche Intervention des Vf. auf dem UNESCO-Kolloquium »Towards a constructive Pluralisms« (Paris 1999): »Interculturality: a philosophical approach« (als PDF zum Herunterladen auf der Webseite des Vf.).

54 In diese Kurzformel läßt sich Leibnizens monadologischer Begriff der menschlichen Seele zusammenfassen.

Erkenntniswirklichkeit seiner welthaften Existenz sein Genüge findet.[55] Erst der moderne »Kosmopolit«, der seine Existenz als Aufhebung aller kulturgeschichtlichen Grundlagen und Versetzung in die Ratlosigkeit technologischer Lebensprozesse erfährt, erzeugt an seinen Universalisierungsansprüchen die politische Ideologie, die ihre eigene Entgeschichtlichung betreibt und sich in den Widerspruch zu ihrer kulturgeschichtlich geerdeten Existenz begibt. Er bewegt sich auf der Ebene politischer Übermächtigungsstrategien, die durch wissenschaftlich-technologische Überlegenheit zum eigenen Vorteil ausschlagen sollen. Aber dem Rückschlag nichtkonformer Staaten, seien es nun Autokratien oder anarchische Korruptionsgesellschaften, die einen sozioökonomischen und migratorischen Druck erzeugen, steht die politische Menschenrechtswelt dann ganz hilflos gegenüber – und greift zur Notwehr dann auch zurück auf ihr nationales Selbstbestimmungsrecht: Der (ökonomische) »Kosmopolit« mutiert zum (kulturellen) »Souveränisten«.

Mentalitätsgeschichtlich bleibt der Kosmopolitismus die Sache einer in ihren Grundlagen verunsicherten und orientierungslosen, darum labilen europäischen Menschheit, die ihrem eigenen Bekenntnis nach ein schon weitgehend in sich zerrüttetes Produkt der nihilistischen »Entwertung aller Werte« auf dem Wege seiner Neuverortung ist: einer Neuverortung, die sich im Rückgang in den Grund des Menschseins gerade vom Oberflächengeschehen der globalen Technologisierung abkehrt, um es von Grund auf zu überdenken. Damit aber werden gerade jene geistigen Ressourcen aktiviert, die aus der kulturellen Eigenheit geschichtlicher Welterfahrungen hervorgingen und ihre Überzeugungskraft nur aus der ethischen Selbstbildung geschichtlicher Realsubjekte entfalten können.

---

55 Der ursprüngliche Ausdruck *polites tou kosmou* (Dionysos von Sinope, 5. Jh. v. Chr.) bezeichnet gerade »apolitisch« die radikale philosophische Abkehr von allem politischen Kollektivheil, den »Verblendungen der Sterblichen« (*doxa*), zu Glück und Heil kosmischer Selbsterkenntnis des Menschseins: Die Einsamkeit als die befreiende Existenzform des Philosophen, allein im Angesicht der Ewigkeit.

Es bleibt eine geschichtsmetaphysische Illusion, eine teleologische Konvergenz der jahrtausendealten Bildungsgeschichten menschlicher Kulturgemeinschaften auf ein gemeinsames europäisches Bewußtseinsparadigma zu erwarten, das zwar die weltweiten Lebensbedingungen und die sie tragenden Mentalitäten bestimmt, aber kraft seiner erfahrenen Wahrheitsinsuffiziens immer schon über sich hinaus in geistige Überlieferungshorizonte drängt, aus denen sich das Ethos des Menschseins neu gewinnen ließe. Wo das Befreiungsversprechen wissenschaftlich-technologischer Rationalität in Auflösung, Niedergang und Zerfall begriffen ist, verliert es seine kollektive Bindungskraft: Es ist die Zeit der Krise, der Neubesinnung auf die Grundlagen des Menschseins. Daher der hohe weltanschauliche Ideologisierungsgrad technologisierter Gesellschaften; er bezeugt das metaphysische Defizit menschlicher Selbst- und Weltverständigung als Ursprungsquelle geschichtlicher Unruhe, die allen kosmopolitischen Stabilisierungsversuchen der Weltgeschichte in einem teleologischen Endzustand widerstrebt. Was sich menschheitsgeschichtlich daraus ergibt, ist unabsehbar; was der Einzelne daraus macht, Sache der selbsteigenen Kraft seines Freiheitsverlangens, das technologische Heilsversprechen auf ein geistiges Weltverhältnis hin zu transzendieren. Es sind diese Einzelnen, die geschichtlich entscheidend werden – die »Kosmopoliten« im antiken Sinne.

AUSBLICK: DIE BEFREIUNG VON DER IDEOLOGIE DER MENSCHENRECHTE

Reduzieren wir nun den Menschenrechtsdiskurs *erstens* um seine inter- und supranationale Prätention auf das von der UN-Charta garantierte nationale Selbstbestimmungsrecht kultureller Gemeinschaften (Prinzip der Interkulturalität gegen den kosmopolitischen Universalismus), *zweitens* um die soziokulturellen Anspruchsrechte, die in ihre jeweiligen nationalstaatlichen Sozialgesetzgebungen verwiesen werden. Reduzieren wir weiterhin die politischen Anspruchsrechte zusammen mit den freiheitlichen Abwehrrechten auf die Grund- und Bürgerrechte jeweiliger nationalstaatlicher Verfassungen, abgesichert durch eine unabhängige Justiz – was bleibt dann, wenn der ganze ethische Kerngehalt des Menschenrechtsdiskurses im Ethos kultureller Gemeinschaften und ihrer Rechtsordnung fundiert durch diese besorgt und gewahrt wird? Das der ethischen Selbstbildung des Einzelnen überantwortete Freiheitsbewußtsein inmitten der staatlichen Übermacht der gemeinschaftlichen Rechtsordnung. Darin liegt seine mögliche Selbstermächtigung zum politischen Widerstand, sei es durch politische Teilhabe (Reform) oder Gewalt (Revolution). Beides sind geschichtliche Prozesse, die politisch unverfügbar allein der unvorhersehbaren binnengesellschaftlichen Entwicklung menschlicher Gemeinschaften und ihrer ethischen Verfassung angehören. Nicht nur der »freiheitliche, säkularisierte Staat lebt von Voraussetzungen, die er selbst nicht garantieren kann«, wie es in dem berühmten Diktum von Böckenförde heißt, sondern jede geschichtliche Gemeinschaft.[56] Die Absicherung

---

56 Böckenförde, a.a.O., S. 112.

ihrer Lebensbedingungen hat sie allein an ihren Bildungsinstitutionen und geistig tragenden Kulturschöpfungen, in denen sich ihre innere Daseinsmächtigkeit fortzeugt, die sich politisch an den äußeren Verhältnissen darstellt und bewährt. »Garantieren« läßt sich im Geschichtlichen ohnehin nichts; nur absichern gegen den Verfall durch Begrenzung auf das, was – gemäß der antiken Formel – »von uns abhängt« (*eph'hemin*), also in unserer Macht steht. Das sind aber primär die kulturellen und nationalstaatlichen Eigenbereiche, die als Gegenstand der Politik auch ihre Wirkungsmacht begrenzen.

Die Begrenzung des Politischen auf seinen eigentümlichen Sachbereich – als Mittel, und nicht als Selbst- oder Endzweck, die äußeren Bedingungen gemeinschaftlicher Existenz zu besorgen – entbindet es von allen weltgeschichtlichen Heils- und Erlösungsaufträgen; und es ist diese Dekonstruktion der politischen Ideologie: der religionsprivativen Überkompensation des Politischen, die es wieder zurückbringt auf seinen wahren Begriff – die Gemeinschaftsbildung in ihrer äußeren Daseinsmacht. Diese ist das Elementare, nicht aber das Wesentliche menschlichen Daseins – seine innere, geistig-kulturelle Daseinsmacht. Die Verwechslung des Elementaren mit dem Wesentlichen ist der Moderne schon zur zweiten Natur geworden; umso wichtiger, sie mit der Entideologisierung des Politischen wieder aufzulösen. Damit wird auch das selbsteigene Freiheitsbewußtsein wieder in seine ursprünglichen Verwirklichungsmöglichkeiten freigesetzt, die in den Schöpfungen von Kunst und Religion, Wissenschaft und Philosophie die geschichtliche Negativität menschlichen Weltverhaltens transzendieren und in ein Selbst- und Weltverständnis des Menschen auflösen, darin er sich seines unfeststellbaren Wesens gewahr wird. Die Befreiung von der Ideologie der Menschenrechte kommt so nicht als Vernichtung ihres ethischen Gehalts, sondern im Gegenteil, als seine Intensivierung zum Zuge, um mit der Rückbesinnung auf seine kulturgeschichtlichen Grundlagen das menschliche Freiheitsbewußtsein wieder zum Umgang mit der Negativität des Seins zu ermächtigen, an dem es in seine Wahrheit hinaufwachsen und sich von seinem mentalitätsgeschichtlichen Verfall befreien mag.